APROVECHANDO EL ESTRÉS
PARA TRIUNFAR

APROVECHANDO EL ESTRÉS PARA TRIUNFAR

Luis Gaviria

Luís Gaviria Vélez

ISBN 1438213859
EAN-13 9781438213859

Publicado por Amazon.com, Inc, para Luis Gaviria y Gaventerprise Group.

Impreso en los Estados Unidos de América

www.luisgaviria.org

Este libro lo dedico al Gran Médico, con profunda humildad, reverencia y agradecimiento.

Luís Gaviria Vélez

Aprovechando el estrés para triunfar

CONTENIDO

AGRADECIMIENTOS

Agradezco a mis hijos Juan David, Alejandro, Juliana, maestros del afecto, de la aceptación sin condiciones y del perdón. Me muestran continuamente que puedo ser tan amigo como padre. El Juancho me sorprende con su gran amor, su corazón e inteligencia. El Alejillo, quien ahora es mi gran amigo y me enseña disciplina, determinación y siempre está ahí para mí. Julianita, mi hija hermosa por dentro y por fuera, femenina e inteligente. A Samuel mi nieto, quien me muestra que desde la mansedumbre y la serenidad se puede observar mejor el mundo. Ustedes cuatro han nutrido en mí siempre la capacidad de asombrarme. Solo pensar en sus rostros me ha sacado muchas veces de la oscuridad. Les amo infinitamente.

A mis padres, hermanas y hermanos, quienes siempre creyeron en mí y esperaron lo mejor. De cada uno podría escribir toda una historia de amor y apoyo. Les amo eternamente.

A Fernando Villa Uribe, quien por creer en mí, me ayudó a convertirme en mucho de lo que soy y a creer en la amistad verdadera.

A Nando, mi hermano menor, mi compinche y compañero de juegos y aventuras. Gracias por inspirarme y estar ahí para mí en todo momento. A Juanfer, mi amigo por tantos años. Me has hecho entender de nuevas maneras la hermandad.

A Hershel Toomim, Sc.D., quien hizo que convirtiera la ciencia en mi amiga. A Marjorie Kawin-Toomim, Ph.D. quien me permitió reconocer que, escuchando con amor y sin juicios, puedo ayudar a otros.

A Norman Spir, MD, quien desde su cálida amistad me muestra otras formas de ver la medicina. A Nicolás Jaramillo, MD, con su gran sabiduría en la cardiología y su disposición inmediata en la amistad y el servicio. A Luis Carlos Reyes, MD, quien desde su bondad y generosidad me recuerda que no hay que creer en Dios para dar amor y hacer el bien. A mis compañeros de trabajo y a mis pacientes que han sido siempre mis maestros y me recuerdan cada día que la medicina es un acto de amor.

A Alejillo mi hijo, quien con gran amor revisó el manuscrito de éste libro, haciendo invaluables aportes como siempre.

Aprovechando el estrés para triunfar

A Tis, mi primer amor, compañera de juegos en mi niñez, amorosa compañera en mi madurez, quien me inspira a seguir.

A Ti, Gran Médico, mi mejor amigo, que guías mis pasos día a día.

Nota Importante

Este libro no pretende diagnosticar, tratar o curar ninguna enfermedad. En caso de presentar alguna dificultad de salud física o mental, es necesario acudir al médico. Ni el autor ni Gaventerprise Group se hacen cargo del posible mal uso de la información contenida en este documento.

INTRODUCCIÓN

Quiero compartir contigo algunos pensamientos. Algunos de ellos no tienen conexión lógica entre sí, pero vas a tener una idea general acerca de mí y lo que hago, para que así te quede más fácil revisar el mensaje de este libro.

Cuando era un jovencito de catorce años tuve un episodio severo de gastritis. El médico en ese entonces me sugirió "tomar la vida con calma". Pero no supo cómo enseñarme a hacerlo. Años más tarde, empecé a sufrir de forúnculos que me surgían en cualquier parte del cuerpo.

Otro médico, recién graduado me dijo que probablemente se trataba de estrés y hasta me aconsejó "trate de ser más tranquilo". Me indagó también sobre qué situaciones difíciles me habían sucedido en los últimos tres años. "Un divorcio hace dos años" – Le dije.- "Puede ser eso" – respondió y acto seguido anotó - "Luis, le va a tocar aprender a manejar su estrés". Por supuesto, tampoco supo decirme cómo.

De todas maneras aquellas palabras me invitaron a grandes cambios en mi vida. Al completar mi pregrado en medicina y conducta, me enrolé en un master en Psicofisiología

(Medicina del estrés). Empezamos desde el primer semestre a estudiar Biofeedback, relajación, meditación y cambios de estilo de vida. Antes de tres meses los forúnculos habían desaparecido. No podía creerlo!

Me uní a la *Association for Applied Psycophisylogy and Biofeedback* y luego fui aceptado para trabajar bajo la supervisión de los doctores Hershel y Marjorie Toomim, pioneros del biofeedback y de la medicina del estrés. Establecí con ellos una gran amistad. Luego quise buscar mi doctorado. Necesitaba comprender la conducta humana y escogí Psicología Clínica para mi programa de estudio.

Fue una experiencia tremendamente enriquecedora. Aprendí acerca de mis propios límites y alcances. Viví el agotamiento de estar en el laboratorio por veinte y treinta horas sin parar y a veces con media hora de sueño seguir otras diez horas más. Cuando no había resultados y el cansancio me vencía, recuerdo las palabras de Hershel una noche de interminable trabajo: "Luis, la ciencia es una amante cruel".

Aprovechando el estrés para triunfar

Me he desempeñado como psicofisiólogo ayudando a las personas a mejorar su forma de enfrentar momentos de la vida que les llevan a episodios muy fuertes de estrés. Mi formación incluye elementos de medicina, psicología y estudios de especialización en psicofisiología del estrés y Biofeedback. Parte del tiempo la he pasado en una unidad de cuidados intensivos apoyando a los pacientes, intentando con éxito algunas veces prevenir su depresión y acompañando a sus familiares en intervenciones en crisis que en este campo son frecuentes.

Nadie está preparado para ver a un ser querido con un tubo en la garganta y lleno de líneas y catéteres o en estado de coma. A menudo me encontraba al pie del lecho de un enfermo que estaba muriendo, acompañándole para que se fuera en paz; con sus familiares para que hubiera una mayor aceptación de lo que sucedía. Cuando mueren algunos pacientes, sobre todo niños, me he visto apoyando a mis compañeras enfermeras quienes están particularmente sensibles en esos momentos.

Años de formar parte de los equipos que atienden los paros cardiacos y respiratorios me han llevado a mirar con gran respeto el borde sutil y extraño que parece dividir la vida de la muerte del cuerpo. Esto eventualmente te cambia. En una charla del doctor Gerald Jampolsky, un psiquiatra que dirige una casa para niños terminales en California, entendí que podía elegir no endurecerme sino ser un socio con mis pacientes y alumnos en su proceso de sanación y aprendizaje. Que no soy un proveedor sino alguien que junto a ellos sana su propia vida.

Llegué finalmente a comprender que no soy una persona formada por el cuerpo que veo en el espejo, con una supuesta alma adentro y que cuando "yo" muero, esa alma o espíritu (tercera persona) sale de mí y va a algún lugar misterioso, sea cielo, purgatorio o infierno o peor aún, como diría un gran amigo cirujano y ateo, "a la nada amigo mío…". Siento más bien que en lugar de tener un espíritu, yo mismo soy un espíritu que habita temporalmente un cuerpo y que cuando la sustentación de la vida en ese cuerpo no sea posible, entonces esa unidad de conciencia que hoy encarno regresa a aquello de donde emanó. Y espero la resurrección, además.

Cuando murió la hijita no-nacida aún de un par de jóvenes amigos, me pidieron que escribiera algo para poner en una tarjeta de agradecimiento para sus amigos, escribí algo así para ellos, inspirado en un escrito de Shunriu Suzuki:

"Somos como gotas de agua en una cascada. Recordamos el río de donde venimos y esperamos el remanso donde al final de nuestro vuelo, después de golpearnos contra las rocas vamos a encontrarnos otra vez. Vemos las demás gotitas que vuelan a nuestro alrededor y adivinamos que somos hermanas, nos oxigenamos juntas, nos acompañamos y finalmente seguimos nuestro camino regresando al río".

Mucha gente se pregunta para dónde vamos y la respuesta que suena en mi corazón es otra: "¿Dónde estamos aquí, ahora?". Sinceramente esto es lo que cuenta. Lo demás se lo dejo a Dios.

Muchas veces estoy con grupos, facilitando un taller. Me encuentro que soy yo quien más tiene por aprender y resolver. Reconocerlo me da una sensación de estar liviano y me quita de encima la carga de ser el "experto". Me veo a mí mismo como un niño en un gigantesco salón de clases que se llama el planeta Tierra. Viviendo lecciones constantemente, donde no hay salida a un recreo pues no existe el recreo. La salida al aparente descanso es una clase más, de un currículo que no tiene escapatoria.

A veces, esto se parece a un parque de diversiones y la paso de maravilla. Pero tan sólo cambié de aula y estoy en otra clase. He descubierto que cuando la paso tan delicioso es cuando no estoy juzgando nada ni a nadie. Cuando me fundo en ese instante eterno que es el aquí y el ahora, viendo cada persona sin referencia al pasado y sin expectativas hacia el futuro. Nada que perdonar pues no he juzgado ni condenado, nada de lo propio o de lo ajeno. Una sensación poderosa de estar en paz. En mucha paz.

Me encanta que la gente me llame por mi nombre. Se acaban las barreras.

En el fondo realmente no soy "nada". Prefiero verme como un estudiante eterno, inacabado aún. Sin títulos, con una gran sed de entendimiento y comprensión. Hay quienes se sienten mejor rodeados si llaman a los demás doctores. Es algo cultural. Hay pacientes que si no ven en el doctor una figura de autoridad real, pierden la fe en el tratamiento. En esos casos hay que preservar el título de "doctor", por bien del paciente. Lo que importa es si ayuda o no a resolver algo. A tener más fe en algunos casos, quizá.

Aprovechando el estrés para triunfar

Otra cosa que considero: Alguien dijo alguna vez que los tiempos difíciles fortalecen el carácter. La verdad es que en ciertas situaciones no sólo lo fortalecen sino que lo hacen evidente. Las dificultades nos ayudan a conocernos más. Descubrí que bajo presión puedo alcanzar grandes resultados. Pero no puedo ir más allá de ciertos límites porque puedo enfermar y no disfrutar el resultado de mis esfuerzos.

Procuro vivir de la mejor manera, desarrollando mis talentos, aprendiendo todo lo que creo me sirve y para mejores resultados me dedico a enseñar. "Enseñas mejor lo que necesitas aprender" decía la doctora Helen Schucman. "Aprendes mejor cuando intentas enseñar"- agrego yo. Asumiendo riesgos que tengan verdadero potencial, elijo vivir al máximo.

Puedo ser sumamente racional. Por eso me encanta la disciplina que elegí en la ciencia. Los oleajes fisiológicos de una emoción pueden ser seguidos en la pantalla de un computador en el momento en que se presentan. Pienso que no entender la conexión de la mente con el cuerpo ha sido un obstáculo muy grande para el desarrollo de la medicina y la educación en general. En especial los occidentales somos renuentes a aceptar lo que no se puede demostrar y medir.

Desde mis épocas de estudiante hasta hoy, he tenido la oportunidad de trabajar con sofisticados instrumentos biomédicos que permiten ver las reacciones de ansiedad reflejadas en los trazados de una pantalla de computador. Cuando mis colegas, mis amigos y mis pacientes ven cómo reaccionan sus cuerpos al simple hecho de cambiar de tema, se sorprenden de manera muy especial. Entienden por fin que un pensamiento no es algo abstracto. Un pensamiento es todo un evento que involucra procesos eléctricos, biológicos, químicos.

Bien, en mi práctica clínica en el Biofeedback Institute of Los Angeles pude confirmar muchas de mis hipótesis presentadas en este escrito.

Mi trabajo con los pacientes se me ha facilitado enormemente gracias a las características de los equipos empleados, Biocomp 2001 y 2010, los mismos que se usan en la NASA y McDonell Douglas para investigación y entrenamiento de personal de vuelo.

Aprovechando el estrés para triunfar

Bueno, yo fui mi primer paciente y con éxito además. Fui comprendiendo que somos una unidad, no una suma de fragmentos. Que si bien es necesario dividir el cuerpo humano en sistemas y estudiar separadamente nuestra manera de pensar y comportarnos, de todas maneras somos un ente único. No somos mente-cuerpo. Debería llamarse con una sola palabra: "*mentecuerpo*".

En fin, quisiera contribuir con este escrito así sea de manera humilde a la labor científica y educativa que han adelantado Hershel Toomin Sc. D., Marjorie K. Toomin, Ph.D (In Memoriam)., Joe Kamiya, Ph.D. , Charles Stroebel, Ph.D., M.D. y muchos otros a quienes admiro y de quienes aprendo continuamente.

Espero además que este trabajo ayude a comprender mejor que la reacción de estrés es natural, que como el agua en la naturaleza hay que canalizarla y ponerla a trabajar a nuestro favor.

Te invito a leer este libro en la forma en que mejor te parezca. En orden o a saltos. Deliberadamente cambio de estilo; a veces me dirijo de manera informativa, otras de manera coloquial. Parte de nuestra naturaleza es ser cambiantes, en nuestros estados de ánimo y también en nuestra forma de comunicarnos. Este libro es una parte de mí y por ello lleva también mi variabilidad.

Al escribir estoy conciente que expongo mi alma ante ti, que me haces el honor y el privilegio de leer mi obra. No me gusta la perfección que algunos seres humanos quieren fingir. Solo Dios es perfecto. La música hecha en computador hay que cuantizarla (quantize), es decir, hay que agregar un poco de destiempo en el ritmo para humanizarla. De otra manera suena desagradablemente perfecta.

Yo celebro no ser maravilloso ni perfecto. Me enojo de cuando en cuando. A veces no se que hacer en algunas situaciones de mi vida.

Hace tiempo un autor famoso dijo que había alcanzado la paz interior luego de una experiencia mística en meditación. Aseguraba que le llegó y nunca le abandona. Qué rico para él. De donde yo vengo las grandes experiencias exigen muchos cambios de mi parte. Y trabajo constante. El lo logró con la meditación.

Aprovechando el estrés para triunfar

Yo lo he logrado en mi búsqueda de la experiencia de Dios en la oración.

Hasta hace poco, cuando lograba un poco de paz interior, era una verdadera fiesta nacional la que se daba en mi alma.

Ahora me es un poco más fácil pues todo con práctica se hace más sencillo y tú también puedes hacerlo a voluntad.

Pienso que todos, absolutamente todos, somos iguales. De diferentes colores, olores, tamaños y formas de vestir y hablar. Pero iguales al fin y al cabo.

Cuando veas que me expreso de manera que parezca que soy mejor que alguien más, por favor perdóname, con seguridad no soy yo. Se trata de mi ego, ese gran impostor que me ha robado tanto de mi vida, sobre todo muchos momentos en los que pude ser muy feliz, pero preferí defender mis argumentos y tener la razón.

Ruego a Dios día a día, despertar de este falso sueño que es sentirnos separados unos de otros, y encontrarme contigo y con cada Ser Humano, sin obstáculos, realmente viendo a quien me mira detrás de tus ojos y que tú puedas ver realmente quien te mira detrás de los míos. Dios te bendice!

El autor.

APROVECHAR

Para mí, aprovechar es sacar beneficio. Es tomar algo y darle un uso adecuado. Quiero mirar esto desde la perspectiva positiva de utilizar bien y de manera respetuosa los recursos con los cuales contamos en la vida.

Lo primero que se me ocurre es pensar en recursos amables, como el amor que recibí de mis padres y hermanos. El jardín en la parte de atrás de mi casa, que era para mí un mundo entero cuando era un niño. Las herramientas de carpintería que prudentemente papá me enseñaba a usar, lo cual me encantaba. Muy temprano, antes de ir a la escuela, mi hermana Leticia me enseñó a leer y escribir, lo cual me reveló un mundo maravilloso.

Mis profesores en la secundaria que me contagiaron el amor por la ciencia y otros por el humanismo. Un gran recurso con el cual conté fue la paciencia que me tuvieron. Era muy inquieto a ratos y me gustaba reír y hacer reír a los demás.

Muchos momentos hermosos en familia, la experiencia constante del campo y la naturaleza. El primer amor, el primer beso… En fin, podría seguir haciendo una lista casi infinita de todo aquello bueno y deseable que he podido tener en mi vida. Pero confieso que me cuesta incluir en la lista de recursos aquellas situaciones que me causaron dolor e incomodidad. Darte cuenta que ya no eres el amor de la vida de alguien, quien te había jurado amor eterno, tan sólo un par de semanas atrás.

El dolor de la muerte de algún amigo o un ser querido. Ver a papá hacer maletas frecuentemente, por razón de su trabajo. Las largas ausencias de mi hermano Horacio con quien éramos grandes amigos. Acompañar a mi madre a morir y perder a mi padre poco después. Es mucho para tragar y digerir realmente. Y al igual que tú, mi vida es normal y tranquila en general. ¿Dónde pongo todo esto y otras situaciones aún más dolorosas?

Finalmente decidí hacerlas parte de mi inventario de recursos.

Pienso que es necesario darnos cuenta que la mejor manera de aprovechar todo, incluye aceptar lo que es agradable y aquello que no lo es. Lo que te ha dado placer y lo que te ha causado dolor. Todo es parte del entrenamiento que has recibido, para llegar al punto donde estás ahora. No sería sabio mirar con desprecio aquello que te ha fortalecido y te ha obsequiado con mayor experiencia.

En toda situación humana hay posibilidades de error. Así como acertamos con alguna frecuencia en nuestros intentos, nuestros sueños también a veces se destrozan, o simplemente suceden cosas que nos generan gran incomodidad. Nuestros planes se retrasan, cuando menos. Todo es parte del paseo.

"Maluco también es bueno" dijo alguien alguna vez, cuando nos quedamos atascados en el aeropuerto de Chicago, cerrado por una tormenta de nieve. Un señor enojadísimo gritaba a la auxiliar de vuelo en el mostrador de la aerolínea. Ella, pálida, no sabía que hacer y se quedaba corta de palabras. "No hay mal que por bien no venga" dijo otra señora, quien al igual que yo estaba sentada en el suelo junto a su maletín, leyendo ávidamente un libro.

La aceptación de la propia impotencia es necesaria para recobrar el manejo emocional y recuperar la compostura. Es un acto básico de humildad. Solo así podemos asumir papeles más productivos en momentos difíciles. Luego viene el hacernos cargo de la situación, de la manera más adecuada posible. En fin, cuando hacemos un uso adecuado de todo lo que tenemos a mano para aprender, para adaptarnos, para superar obstáculos, para dar de nosotros, estamos realmente comprendiendo la palabra aprovechar en su mejor sentido.

Todo lo que nos ha sucedido, agradable o desagradable, nuestros errores y aciertos, nuestras soledades y los momentos de compañía, todo ello es parte de nuestros recursos en la vida.

ANOTACIONES:

_____

_____

_____

_____

_____

_____

EL IMPOSTOR

Una de las grandes dificultades que tenemos, es que en nuestro interior se debaten grandes fuerzas.

Algo dentro de nosotros nos dice que todo va a estar bien, que no vale la pena desesperarse. Pero otra voz nos dice que no es justo. Nos recuerda que no somos tan malos como para merecer tal castigo. Luego cargamos con críticas y juicios en contra de las personas o instituciones que están implicadas en la dificultad a mano. Esa voz nos impulsa a reaccionar de manera agresiva en la supuesta defensa de nuestros derechos, aún en circunstancias en las cuales sólo amerita quedarnos tranquilos y esperar con paciencia.

Es la misma voz que nos dice que la venganza es justa. "Va a ver como le va conmigo" es una de sus formas de pensamiento. Una manera sutil suya para abordarlo desde un ángulo religioso, es decir de alguien a quien vemos actuar con injusticia: "Se va entender con Dios".

Es también la voz que dice que no debemos dar el brazo a torcer, que no es cosa de orgullo sino de "dignidad". Es la voz que nos anima a creer que, es más importante dejarles saber a los demás que tenemos la razón, que soltarnos, no enredarnos en luchas de poder y ser felices. El costo siempre es el disgusto, propio y ajeno.

Esa voz sale de algo que existe en nuestra mente, nacido del miedo. Se trata del ego, el cual hace una extraordinaria labor echándonos a perder muchos momentos. Es como un virus cibernético, un pequeño programa para sabotear la operación normal de un computador. Créeme, es más fácil lidiar con virus en computadores que con los destrozos que hacemos en nuestras vidas cuando nos dejamos guiar del ego.

Yo elijo llamar al ego, el gran impostor. Impostor porque cuando se manifiesta, no es el verdadero tú o el verdadero yo. Cuando pretendemos escuchar lo que nuestra sabiduría más profunda nos dicta, el ego salta a escena y nos habla al oído con dulzura. Creemos que el corazón (o el alma, llámalo como prefieras), es el que nos ha respondido y actuamos de acuerdo con sus sugerencias. Luego nos damos cuenta que hemos metido la pata de manera muy especial. Cuando eso sucede, el impostor cambia de voz y nos dice que eso nos lo merecemos por estúpidos, porque le encanta embaucar y luego acusar. Además nos asegura que nuestros errores (a los cuales llama pecados imperdonables, sean propios o ajenos), merecen castigo.

En el mundo de la realidad, quien comete un error, es responsable de sus consecuencias. Sólo cuando algo malo es llevado a cabo con intención de causar daño, o por un descuido o negligencia, se habla realmente de culpa. En el lenguaje y filosofía del impostor, no importa como sean las cosas, le encanta buscar culpables a toda costa. Cuando el ego no anda maltratándote a ti, anda buscando a quien culpar y maltratar, allá afuera.

Si le preguntas a alguien por qué vive mal, la respuesta generalmente está en otras personas, en el gobierno, y siempre hay un aferramiento al pasado, aunque la persona lo niegue a pie juntillas.

El sentimiento de culpa puede ser tan difícil de sobrellevar, que el ego decide compartirlo, entregándolo al primer idiota útil que aparezca. Si el niño tiene un accidente, cuando papá y mamá están de pelea, ellos se proyectarán mutuamente la culpabilidad. Ninguno se quiere hacer cargo de sus sentimientos ni de lo que pase. Es culpa del otro. La supuesta culpabilidad del otro es tomada como razón suficiente para atacar. La sola sospecha es suficiente para juzgar y condenar. "Cuando hay duda, no hay duda", dice.

Las cacerías de brujas a lo largo de la historia han sido nutridas y administradas por personas altamente engañadas por el impostor, que ve el error más fácilmente en los demás. La palabra perdón no forma parte del vocabulario del impostor.

En muchas organizaciones, cuando se identifican errores, se malgasta una gran cantidad de energía y recursos en buscar y castigar culpables, no en resolver las situaciones y educar a los responsables. Esto trae altísimos niveles de insatisfacción y desmoralización de los empleados. Esto a su vez lleva a más errores y aún a sabotajes de la operación, sean cometidos conciente o inconcientemente.

Los accidentes industriales se aumentan cuando hay altos niveles de estrés en las organizaciones.

¿COMO SE CUANDO ME HABLA EL IMPOSTOR?

Afortunadamente se puede identificar con relativa facilidad.

Aprovechando el estrés para triunfar

O nos gobierna el amor, o nos gobierna el miedo. Todas las emociones del mundo nacen de estas dos fuerzas opuestas.

Si tienes celos, es obvio que tienes miedo. Si, ya sé, amas y por eso tienes celos. Pero la verdad es que mientras el miedo se manifiesta, el amor queda neutralizado y no se puede expresar. En un ataque de celos, justificado o no, hay reproches, agresividad, en fin, todo menos amor. Es como un conmutador (*switch*) que pasa del miedo al amor y de regreso al miedo. No hay intermedios.

La clave es mirar las cosas desde la perspectiva del amor, es decir, intentar escuchar, no juzgar, intentar calmarse, darse un abrazo, hablar las cosas sin causarse daño.

En medicina hay un antiguo aforismo: "Primum non noccere", que traduce "Lo primero es no causar daño". Lo propuso Hipócrates hace unos dos mil quinientos años. Lo aprendí de mi profesor de anatomía, quien no sólo era un gran médico. El realmente trataba de enseñarnos a vivir y a ser mejores.

El ego no sabe de evitar causar daño. Guerra, humillación, castigo, insultos, mal humor, venganza, sentimientos de culpa exagerados, resentimientos, son todas manifestaciones de este gran impostor.

Siempre que la invitación sea a la confrontación, a la pelea, a la venganza, al orgullo, a la parálisis emocional, está hablando el ego. Cuando me sorprendo a mí mismo criticando a alguien, juzgando y condenando, sé que se trata del impostor, sentado en el puesto del piloto de mi vida.

Los peores errores los cometemos, cuando dejamos que sea el impostor quien tome decisiones en nuestro nombre.

Desde este punto de vista, cuando perdemos los estribos es porque el ego está dirigiendo el show. Cuando hay luchas de poder, es lucha de egos. Cuando nos sentimos víctimas en cualquier situación, el ego está tomando el timón. Cuidado!

Para aprovechar el estrés para triunfar, es muy útil empezar a identificar los quehaceres del ego y quitarle el mando.

Una tarde, en un restaurante italiano, vi como una camarera derramaba por accidente una botella de vino tinto sobre un cliente elegantemente vestido.

El hombre se enfureció y por sus insultos semejaba más bien un motociclista pandillero, que el caballero que parecía en primer lugar. Ella no sabía que hacer, trató de limpiarlo un poco, mientras él la trataba de bruta y animal. Ella se retiró llorando desconsolada.

Un par de minutos después apareció el propietario del lugar, quien de manera serena presentó sus disculpas, ofreció hacerse cargo de los gastos de lavandería y, por supuesto, la cena no tendría cargo alguno. Cuando el cliente, aún molesto, le preguntó cómo podía tener una persona tan torpe en su grupo, el administrador le reveló en voz baja, que la chica acababa de ser abandonada por su esposo dos noches atrás, dejándola sola a cargo de dos hijos pequeños. Cuando el cliente escuchó esto, ofreció disculpas por haberse enojado tanto y pidió hablar con la camarera para presentar sus excusas y así lo hizo.

Afortunadamente no siempre gana el impostor.

El impostor goza con la violencia, pues la considera justificada. Se apoya en razones de tipo religioso o político.

No hay que ser un genio para darse cuenta quién realmente maneja la situación en muchos problemas internacionales. Vale la pena dar una mirada a la historia para darnos cuenta "por dónde va el agua al molino".

Por otro lado, el impostor nos alimenta la idea de que más es mejor. ¡Más dinero, más cosas, más sexo, más poder, más propiedades, más, más, más!

No hay que vivir muchos años en este planeta para entender que no hay manera de llenar el vacío del alma con objetos, con satisfacciones pasajeras o con fama. Es como tratar de llenar un túnel con bostezos. Varias personas que conozco han tenido mucho éxito financiero y sólo han logrado llenar el vacío en su pecho cuando se dedican a servir de manera genuina a los demás.

Convertirse en mentor de alguien que necesita educación o alguna forma de apoyo, quien además no tiene manera de pagar. No es una transacción. Es cosa de aprender a dar, dar y dar. La retribución interior es enorme. Curiosamente la retribución exterior y económica es patente. Aquellos que dan pocas veces sufren de escasez.

Aprovechando el estrés para triunfar

En fin, aprovechar el estrés para triunfar es un proceso que podemos aprender. O dejamos que nos acabe o le sacamos ventaja. Al fin y al cabo el estrés es normal, en pocas cantidades nos ayuda a salir adelante. La clave es convertir el estrés excesivo y dañino en algo positivo y productivo. Como la fuerza que es, vamos a canalizarla adecuadamente y usarla como combustible para alcanzar nuestros objetivos y propósitos.

Para comenzar, no permitamos que el gran impostor sea quien maneja el "show" de nuestras vidas. Con seguridad, cuando estamos muy tensionados, muy ansiosos, el ego está feliz intoxicando (literalmente) tu estado de ánimo y tu actitud. Como dice Og Mandino en "El vendedor más grande del mundo", ¿Qué podrá suceder antes que termine el día, que no sea tan solo un recuerdo con el pasar de los años?

ESTRÉS, TENSIÓN

El estrés (*stress* en inglés) se ha convertido en una de las principales causas de malestar de nuestro tiempo.

Sabemos que es un factor de riesgo importante en desarreglos físicos tales como la arteriosclerosis, el infarto del miocardio, úlceras pépticas, alergias, insomnio, reumatismo, hipertensión y cáncer, entre otros.

En el plano laboral, un alto nivel de estrés es responsable de ambientes en los cuales se deteriora la comunicación, baja la motivación y como resultado directo, se reduce la productividad. Una persona muy tensionada tiene dificultades para concentrarse y eso es fatal para el desempeño laboral. Muchas empresas siguen empleando estrategias de gerencia de alta exigencia y poco apoyo, lo cual lleva a muchos ejecutivos y empleados a quemarse (síndrome de *burn-out*). En un mundo donde a las personas se les anima a utilizar tarjetas de crédito y a endeudarse para tener una supuesta mejor calidad de vida, los pasivos acumulados y el pago de intereses aportan una gran dosis al estrés que ya traían, tirando por el suelo las posibilidades de vivir bien. Cada día aumentan en el mundo las familias que se ven obligadas a devolver a los bancos sus casas o apartamentos pues no tienen suficiente flujo de dinero para pagar la hipoteca. En los hogares en los que un papá o una mamá se la pasan haciendo milagros para pagar las cuentas, sumadas a las necesidades en aumento de los hijos que van haciéndose adolescentes, que aspiran a estudiar en una universidad, el ambiente se puede tornar muy desagradable y difícil de tolerar.

También vemos personas con mucho "éxito" profesional, conduciendo automóviles caros, que tienen casas o apartamentos espectaculares y un extraordinario portafolio de inversión. A menudo se logra al costo de relaciones de pareja destruidas. Sus hijos están solos los fines de semana, pero eso sí, con dinero para gastar (sin supervisión alguna) en sus bolsillos. No hay mucho amor en forma de presencia y compartir. "El afecto te lo demuestro hijo, dándote dinero y juguetes (desde videojuegos hasta motocicletas y carros) y haz lo que te parezca mejor. Yo tengo que vivir mi vida."

Algunos de estos hombres y mujeres también sufren de jaquecas constantes, gastritis, hipertensión y una irritabilidad mezclada con episodios de depresión y ansiedad. Otros pasan el fin de semana muy "felices", bebiendo licor y pasando unos domingos espantosos por la resaca. Lo hacen siempre. Se llaman a sí mismos "bebedores sociales". Según ellos, no tienen problemas de alcohol. Pero se sienten exitosos y creen que están en la cima del mundo.

¿Por qué sé todo esto? Porque yo viví en carne propia mucho de lo que he mencionado. Porque muchos de mis pacientes venían a mí preguntándose por qué ahora que lo tenían todo, tenían que enfermar! Ahora que estaban más amplios económicamente, cómo era posible que su esposa los hubiese dejado por alguien más! En ocasiones yo había escuchado la queja de la esposa, relatándome cómo él se había convertido en una persona arrogante, humillante y violenta de palabra y de obra, sobre todo cuando tenía algunos tragos en la cabeza. Cuando hay licor de por medio parece aumentar la infidelidad conyugal. Al fin y al cabo el alcohol desinhibe y anestesia bastante los controles de tipo moral que nuestra formación o nuestro carácter nos ofrece. La verdad es que algunas personas prefieren vivir otra forma de vida y eligen buscar su propia satisfacción a cualquier costo.

Aprovechando el estrés para triunfar

A lo largo de mi vida he visto formas de actuar del ser humano que causan estragos. Sinceramente creo el alcoholismo es uno de los peores. A nivel social es muy desagradable para mí ver cómo se conduce una persona intoxicada con unos cuantos tragos. El mal aliento, las expresiones exageradas de afecto, la lentitud para hablar, la dicción arrastrada, la valentía irreal, el supuesto dominio de temas que ni conoce, una franqueza irreverente e imprudente, una generosidad extrema, que llega a comprometer hasta el bienestar económico de la familia. Todo esto sin contar la forma lamentable y ridícula como camina y se tambalea. Lo sé pues mi abuelo en medio de unos tragos jugó y perdió la última finca productiva de la familia y quedó en la ruina, saliendo a viajar con su esposa e hijos por varios pueblos. Viniendo de familia muy solvente, mi papá creció en medio de una gran pobreza.

Cuando hay mucho estrés, se aumenta el alcoholismo. Cuando se presenta el alcoholismo, aumenta el estrés.

Consideremos esto brevemente. En el hogar, la tensión excesiva es fuente de conflicto y de fallas en la comunicación. Cuando estamos estresados o tensos de alguna forma, nos podemos volver prevenidos y responder de formas inadecuadas o agresivas. El estrés cambia la manera de ser de las personas. Personas muy cálidas pueden tornarse agrias u hostiles.

Un nivel excesivo de tensión emocional puede afectar negativamente las diferentes áreas de proyección del ser humano: Física, Mental, Afectiva, Espiritual, Ética, Social, Familiar y Profesional.

A nivel social, el estrés causado por la pobreza extrema, puede alterar patrones de conducta de individuos, familias, empresas y ciudades o aún países completos, generando situaciones que van desde peleas callejeras hasta estados de guerra.

El estrés tiene una característica muy especial. Como mecanismo que es para apoyarte en momentos difíciles, brindándote energía adicional y fuerza para enfrentar las dificultades, el cuerpo cobra su peaje más tarde. Es como "viaja ahora y paga después". Algunas personas viven semanas muy demandantes y lo logran con la ayuda de café, ó uno que otro trago de licor para relajarse, y la adrenalina misma les da la fuerza para continuar. Llega el fin de semana y comienza o se agudiza el dolor en los hombros o en la espalda, aparece la migraña o la gastritis. Lo paradójico es que deberían sentir bienestar! De la misma manera, después de épocas de trabajo excesivo con poco descanso efectivo, o después de haber pasado momentos de gran dificultad, sea de tipo económico, de la vida de relación, o por la pérdida de seres queridos o aún de un empleo o de un buen negocio que se echó a perder, aparece la factura del estrés. Los exámenes de sangre muestran niveles altos de colesterol, la presión arterial está muy alta de manera inexplicable, en fin, cada uno tiene su propia versión.

El estrés tiene su lado bueno también, pues nos puede ayudar a superar obstáculos muy grandes: Una madre, luego de un aparatoso accidente, ha sido capaz de levantar un carro volteado y sacar a su hijo de brazos antes que las llamas lo devoren. Un artista se exalta y se pone ansioso antes de subir al escenario y convierte toda su tensión y ansiedad en una gran presentación, con aplausos de pie. El estrés que nos causa el temor a perder algo que tenemos, nos empuja a movernos, a tocar puertas, a solicitar ayuda o simplemente a esforzarnos más para salvar aquello que queremos. El estrés nos obliga a dar lo mejor de nosotros en momentos críticos de la vida. El estrés nos lleva a crecer ante las circunstancias, exigiéndonos a ir más allá. El estrés nos ayuda a conocernos más profundamente y si lo usamos bien, tenemos la oportunidad de aplicar nuestras habilidades en medio de situaciones muy tensas. Muchas organizaciones esperan que sus empleados sepan trabajar bien bajo altos niveles de estrés.

Los buenos marinos no se hacen en la mar en calma. Son las tormentas las que les ayudan a convertirse en verdaderos lobos de mar.

Para que esto sea realidad y podamos sacar ventaja de las batallas de la vida, conozcamos más en detalle el que hasta ahora ha sido nuestro enemigo y podamos aprender a convertirlo en nuestro aliado.

En realidad, llamamos estrés o tensión a nuestra reacción física y mental ante una amenaza, o lo que parece ser una amenaza.

Es parte de nuestra herencia evolutiva y nos capacita para enfrentarnos ante todo aquello que pudiera presentar problemas al bienestar y a la supervivencia de nosotros como individuos y de nuestro grupo (familia, seres queridos en general).

Aprovechando el estrés para triunfar

Las reacciones instintivas normales ante una amenaza o lo que parece serlo, son la LUCHA y la HUIDA. (*Fight or Flight Reaction*, reacción de luchar o escaparse). Son parte del instinto de conservación.

El miedo, aquella emoción o sentimiento de inquietud que experimentamos a causa de la percepción de un peligro, que puede ser real o imaginario, es un mecanismo que nos ha sido entregado sabiamente por la naturaleza y que es necesario y benéfico para la supervivencia. Nace del instinto de conservación, cuya prioridad es sobrevivir.

Hago énfasis en que la causa puede ser "real o imaginaria", ya que nuestro sistema nervioso autónomo, que es el encargado de la reacción de estrés y del instinto de conservación no sabe diferenciar entre lo tangible y lo intangible, entre lo interno y lo externo a la persona. Se comporta como un niño ingenuo que cree todo lo que se le dice a través de palabras o la imaginación.

Es similar a lo que sucede cuando imaginamos o recordamos detalladamente la experiencia de comer una fruta; por ejemplo, el hecho pensar en una tajada de piña (o un limón cortado a la mitad, ó un mango viche), en su textura, en su color, en su peso, en su sabor, es suficiente como estímulo para que se produzca saliva. En realidad, la piña no está allí físicamente; sólo está en la mente y eso basta para que el organismo se prepare para la experiencia de masticar, produciendo saliva sin preguntar si de verdad va a entrar en la boca.

De la manera descrita, el estímulo que dispara la reacción de tensión puede ser generado interiormente por medio de la visualización o de la imaginación. O ser generado exteriormente y ser percibido por los sentidos es decir, de forma visual, auditiva, olfativa, gustativa o táctil. Sea que lo imagines o lo veas, de todas maneras el organismo reacciona como si algo real está sucediendo, sin importar si es sólo cosa de la sugestión.

Vale la pena considerar que el cuerpo reacciona a una preocupación como si estuviera viviendo una realidad. Produce las mismas alteraciones como si se estuviese viviendo una calamidad. Sufre, se altera, se deteriora. Pienso que si la preocupación sirviera de algo, ya habría fundado varios grupos de preocupación y con gusto los acompañaría en su trabajo. Pero la verdad, no sirve de nada!

DEFINICIÓN DE TENSIONES O ESTRÉS

El doctor Hans Selye, de la Universidad de Montreal, fue pionero de las investigaciones acerca de los cambios bioquímicos generados en el organismo por el estrés o tensión.

El definió el estrés como "TODA REACCIÓN PRIMARIA, FÍSICA Y SÍQUICA A CUALQUIER ESTÍMULO, INTERIOR O EXTERIOR".

La verdad es que el Ser Humano necesita ciertos niveles de exigencia o tensión para funcionar adecuadamente; la ausencia total de tensión si se mantiene indefinidamente, puede deteriorar y atrofiar el organismo.

Bajo la dirección del Dr. Robert Wolf, Universidad de Texas, un grupo de deportistas participaron en un experimento y para ello debieron permanecer en cama durante varias semanas: los músculos comenzaron a atrofiarse, los huesos perdieron dureza y comenzaron a experimentar cambios negativos y deficiencias en sus órganos internos y en su sistema cardiovascular. Les costaba mantenerse en pie. A nivel psicológico, la actitud ante la vida comenzó a deteriorarse notablemente: experimentaron tendencias depresivas, apatía, aburrimiento y algunos en particular, altos grados de ansiedad. Ejercicio físico y suplementación nutricional ayuda en todo esto.

Es necesario tener estímulos físicos y también afectivos e intelectuales, para estar en buena forma. Un nivel de tensión moderado nos lleva a lograr metas, a mantener una actitud sana y productiva ante la vida, además de estimular la creatividad y la capacidad de supervivencia. Este nivel de tensión se denomina EUSTRESS. Es el grado necesario de tensión para levantarse en las mañanas y llevar a cabo cualquier labor que nos propongamos.

Lo que normalmente denominamos ESTRÉS o TENSIÓN, es en realidad estrés excesivo o DISESTRÉS (DISTRESS); este nivel es considerado negativo y de hecho, sumamente dañino.

El estrés excesivo tiene la cualidad de ser acumulativo y en sus etapas más tempranas se confunde con simple FATIGA o CANSANCIO físico y/o mental. El cansancio se elimina con descanso, diversión o sueño; la tensión, sin embargo, no cede tan fácilmente.

Aprovechando el estrés para triunfar

Es muy diferente experimentar una sobrecarga de trabajo y tensiones durante un corto tiempo, a estar sometido a sobrecargas de manera permanente. En condiciones normales podemos tolerar episodios de estrés (estrés agudo) con poco riesgo a nuestra salud y bienestar. Cuando el estrés se vuelve crónico, como en aquellas épocas en las que estamos enfrentando situaciones difíciles que no parecen resolverse (enfermedad propia o ajena, un divorcio en condiciones de conflicto extremo), la tensión inicia su proceso de acomodarse y en su momento cobrará su peaje de alguna forma.

En muchos países la ley castiga a quien acosa a alguien y le mortifica constantemente. El acoso psicológico y la manipulación emocional puede llegar a tener consecuencias desastrosas, en términos de autoestima, de perder la confianza ante la vida y en ocasiones, al punto de llegar a una depresión u otro desarreglo emocional más grave. Quienes han vivido este tipo de situaciones experimentan pesadillas, ausencia de sueño, dificultad para dormir, pérdida del apetito. Las personas en estas condiciones deben buscar ayuda de tipo legal o en el sistema de justicia para evitar daños mayores. Siempre hay un camino para protegerse.

ANOTACIONES:

_____

_____

_____

_____

_____

_____

_____

_____

_____

_____

_____

INSTINTO Y ESTRÉS

La tensión es una de las manifestaciones básicas del instinto de conservación o supervivencia. El cuerpo y la mente reaccionan, siempre según el mismo esquema, ante cualquier amenaza o lo que se parezca a una amenaza. Amenaza a su integridad física o síquica, amenaza a su bienestar o cualquier forma de peligro que afronten sus congéneres en especial sus seres queridos.

Las tendencias instintivas son la LUCHA o la HUIDA. La reacción de tensión es una preparación o aprestamiento a la acción: acción para conseguir algo o acción para evitarlo.

Algo que puede parecer curioso es que el cuerpo reacciona de igual manera al recibir una mala noticia o una muy buena noticia; la reacción bioquímica es aproximadamente la misma.

La tensión no es la realidad. La tensión es fruto de nuestra interpretación de la realidad. Cambiando nuestra forma de ver la realidad, se reduce la tensión. Como cuando uno acepta una situación, se desvanece el rótulo de "problema".

FISIOLOGÍA BÁSICA DEL ESTRÉS

Veamos cómo se desencadena la reacción de tensión.

El factor tensionante es percibido por el cerebro, normalmente a través de los sentidos (un ruido o una mala noticia, algo que uno ve suceder, una sensación brusca en el cuerpo); se estimula el área del hipotálamo y la glándula hipófisis la cual envía una señal química a las glándulas suprarrenales por medio de la hormona ATCH, la cual viaja rápidamente por el torrente sanguíneo; las suprarrenales, que tal como su nombre lo indica están sobre los riñones, segregan adrenalina y noradrenalina, además de cortisol y renina.

Estas y otras substancias son llamadas catecolaminas y son movilizadas a través del torrente sanguíneo, generando un estado de alerta y de movilización de recursos para asegurar la supervivencia en todo el organismo.

La tensión arterial se eleva, el corazón late mucho más de prisa, bombeando con fuerza la sangre para oxigenar los músculos. Los vasos capilares de la piel y del sistema digestivo se contraen para concentrar el riego sanguíneo en los principales grupos musculares y órganos.

Aprovechando el estrés para triunfar

La respiración se acelera para satisfacer la demanda de oxígeno, aumentan los niveles de azúcar y colesterol en la sangre, las pupilas se dilatan y se inicia una sudoración general (la cual según algunos investigadores tiene finalidades de lubricación protectora sobre la piel), pero sobre todo colabora en la radiación del excesivo calor producido en el proceso.

En realidad, los cambios que se generan son enormes, algunos de ellos dramáticos, como en el caso del ritmo cardíaco y el respiratorio, que pueden llegar en ocasiones a aumentar hasta en más de un cien por ciento.

Las exigencias del deporte o del trabajo físico permiten al menos una salida de la energía producida; pero en el caso de exigencias de otro tipo, como al hablar en público o al discutir con alguien con quien debemos tratar de ocultar los sentimientos, la energía producida se ve reprimida, generando acumulación, la cual lleva a la persona a experimentar varios trastornos.

Dichos trastornos pueden manifestarse como dolores de espalda, cansancio, dolores de cabeza o irritabilidad, entre otros.

Cuando la tensión se eleva de manera poco frecuente, se presenta el fenómeno de readaptación del organismo. Poco después del evento tensionante, el organismo se calma y todos los procesos regresan a sus estados normales. La presión vuelve a sus valores normales. El doctor Selye denomina esto SINDROME LOCAL DE ADAPTACIÓN (SLA).

Cuando la tensión se dispara o se eleva muy frecuentemente, el organismo se adapta a la tensión conservando gran cantidad de sus síntomas, generando un estado crónico de desbalance químico; este estado lo denomina SINDROME GENERAL DE ADAPTACIÓN (SGA). Si alguien se ofusca o enoja sólo de vez en cuando, la tensión arterial se eleva pero pronto vuelve a niveles normales. Pero si la persona se enoja continuamente, la tensión arterial se eleva tan a menudo que el organismo de alguna manera decide dejarla alta y se presenta el estado de hipertensión.

SÍNTOMAS DE ESTRÉS

Esta lista recoge los síntomas más comunes. Es posible que al leerla experimentes la sensación de tener varios de ellos. No pretendo usarla como base de auto-diagnóstico. Es una simple referencia. Algunos de estos síntomas también se presentan en el caso de desarreglos físicos o mentales no necesariamente iniciados por estrés. Si tienes alguno de estos síntomas, no asumas que es simple estrés, ya que podría demorar la detección oportuna de alguna enfermedad y el tratamiento respectivo.

Sugiero que visites el médico en caso de observar uno o varios de ellos.

SÍNTOMAS FÍSICOS:
- Tensión muscular:
- Cansancio en la nuca
- Dolor en los hombros
- Bruxismo (Rechinar los dientes)
- Tensión en el abdomen
- Dolor lumbar (Base de la columna)
- Tensión y dolor en las piernas

Dolores de cabeza:

- Por tensión muscular
- Vascular: Jaquecas (migrañas)

Problemas digestivos:

- Náusea y vómitos
- Diarrea
- Estreñimiento
- Gastritis
- Úlcera
- Defecación muy frecuente
- Colitis
- Reflujo
- Colon espástico
- Colon irritable

Problemas respiratorios:

- Hiperventilación: Respirar muy rápido y de manera superficial, lo cual aumenta el ritmo cardíaco y puede llevar fácilmente a un ataque de pánico.
- Sensación de ahogo, que falta el aire

Aprovechando el estrés para triunfar

Problemas cardiovasculares:
- Taquicardias (El corazón late muy de prisa)
- Arritmias (El corazón parece latir a destiempo)
- Palpitaciones (Sensaciones fuertes de latidos del corazón inoportunos).
- Anginas (Dolor en el pecho por falta de circulación adecuada en el corazón).

Falta de energía:
- Deseo constante de dormir
- Desgano para actuar

Exceso de energía:
- Disminución de la sensación de fatiga (Como el acompañante de un paciente que insiste en no necesitar sueño para seguir indefinidamente al pie de su ser querido). Luego la persona se torna más agresiva cada vez, le es difícil seguir las conversaciones y hace episodios sicóticos, es decir empieza a ver cosas que no hay allí o a tener sensaciones de persecución o discriminación no justificadas. Esto lo vemos con alguna frecuencia en algunos servicios hospitalarios.

Problemas visuales:
- Visión doble
- Visión borrosa (Ambas, cuando se está muy nervioso)

Tinnitus:
- Zumbido en los oídos

Desórdenes de la menstruación:
- Ciclos desordenados o perdidos

Síntomas de alergias:
- Picazón
- Dermatitis

SÍNTOMAS PSICOLÓGICOS:

Problemas del habla:
- Tartamudeo
- Boca seca
- "Nudos" en la garganta

Nerviosismo:
- No poderse sentar quieto

Aprovechando el estrés para triunfar

- Acciones nerviosas
- Excesivas reacciones de susto
- Temblor en las manos
- Manos frías
- Manos sudorosas

Aumento en uso de drogas:
- Alcohol
- Fumar compulsivamente
- Tomar café en exceso
- Otras drogas (ilegales o clásicas)

Desordenes en el comer:
- Comer compulsivamente
- Falta de apetito

Problemas del sueño:
- Se duerme sin descansar
- Insomnio
- Dificultad para conciliar el sueño

SÍNTOMAS EMOCIONALES:

Desorganización mental:
- Falta de concentración
- Sentimientos de inferioridad
- Frustración
- Pesadillas

Falta de empatía:
- Mal humor
- Quejas continuas
- Desconfianza
- Irritabilidad
- Ofuscarse fácilmente, exigiendo comprensión para sí mismo, sin concederla a los demás.
- Explosividad
- Agresividad en general

Desesperanza:
- Falta de motivación
- Tendencia a aislarse
- Temor a lo desconocido
- Sensación de que todos están contra ti

- Dependencia aumentada
- Deseo de esconderse
- Inseguridad
- Sentirse abandonado
- Ansiedad

Deseo o tendencia a expresar físicamente el sentimiento:
- Cerrar puertas violentamente
- Arrojar objetos
- Golpear o destruir objetos

INTELECTUAL:

Bloqueos mentales:
- Olvidar nombres comunes
- Lapsos de olvido
- Indecisión
- Inhabilidad para organizar pensamientos
- Mente que se pone en blanco
- Inhabilidad para concentrarse

Aumento de fantasías:
- Fantasías de tipo negativo (Como imaginar desastres)

- Fantasías de muerte o destrucción
- Fantasías de venganza

Posposición:
- Le da dificultad hacer lo que hay que hacer y lo deja todo para después.
- Tareas simples le parecen muy difíciles de realizar

Pérdida de Interés:
- Poco o nada le entusiasma
- Escapismo
- Deseo enorme de abandonarlo todo
- Refugiarse en pensamientos obsesivos

Depresión:
- Ansiedad
- Desesperanza y tristeza intolerables
- Enojo a flor de piel
- Desgano para cuidar de sí mismo o de los demás
- Sensación frecuente de opresión o vacío en el pecho
- Incapacidad para relajarse
- No disfruta, no se conecta con la diversión
- Imposibilidad para vivir el momento presente

Sentimientos de pánico:
- Sensaciones muy fuertes de pérdida de control
- Aumento de sensaciones corporales como los latidos y el ritmo del corazón.
- Respiración superficial y rápida que lleva a hormigueo en las manos.

Algunos de estos síntomas pueden llevar a deterioro de la auto-imagen y la auto-valoración.

Según datos del *Center for Disease Control*, en los Estados Unidos se da un promedio de 30 mil suicidios cada año, siendo la depresión no tratada la causa principal. Por otra parte, millones de casos de enfermedad de las arterias coronarias son atribuidos al estrés ocupacional y ambiental.

Cuando los fracasos, la frustración y los conflictos se suman, generan un cuadro de estrés constante el cual presenta un altísimo riesgo para la salud. El solo exceso de trabajo es un factor importante.

En un estudio realizado por Breslow y Buell, había muestras representativas de la influencia de la intensidad de trabajo en el riesgo de muerte: las personas que trabajaban más de 48 horas semanales, tenían el doble de riesgo de desarrollar enfermedad de las arterias coronarias que el resto de personas que trabajaban menos horas.

Algunos especialistas sustentan la noción de que muchas enfermedades físicas tienen origen en la emocionalidad reprimida.

Muchas personas no comprenden aquello de que su enfermedad es de origen "nervioso" o sicosomático; piensan que se está tildando de "imaginaria" su condición; una úlcera perforada y el consiguiente sangrado no tienen nada de imaginario. Pero los orígenes del desorden que dio nacimiento a la erosión de la pared estomacal, sí pueden tener un componente de origen psíquico y emocional.

Todo pudo iniciarse con una gastritis, que "coincidencialmente" se hacía peor cuando había problemas (que generaron tensión emocional); en esta etapa se habla de un desorden FUNCIONAL. Cuando se formó la úlcera por la presencia anormal de ácidos en el tracto digestivo, se habla ya de un desorden de tipo ORGÁNICO, es decir, que ha comprometido la salud del órgano, de sus tejidos.

Aprovechando el estrés para triunfar

Veamos algunos procesos más en detalle: Cuando el estrés se presenta, la sangre es desviada del estómago hacia otros órganos que la necesitan más; el contenido de ácido clorhídrico (normalmente utilizado para ayudar a descomponer los alimentos) se ve aumentado; los vasos capilares de las paredes del estómago se contraen y la pared es atacada al mismo tiempo por la cortisona liberada en la sangre por las glándulas adrenales.

Algunos investigadores dicen que no es la cortisona la que genera el daño en el tejido, sino la falta de oxígeno y nutrientes a nivel celular; la pared intestinal con vaso-constricción no produce suficiente mucosidad protectora, ni tiene el mismo potencial de defensa, quedando a merced de agentes irritantes, comenzando con los mismos ácidos segregados normalmente para la digestión; tenemos pues, estas dos explicaciones de cómo nace la úlcera. Obviamente hay que considerar la aparición de una bacteria oportunista llamada *helicobacter pilori*, la cual coloniza los tejidos expuestos. Al hacer el tratamiento correspondiente deberíamos enfrentar todo el cuadro, incluyendo sugerencias de ejercicios o estrategias para reducir el estrés.

Algunos tal vez sufran de inflamación del colon (colitis); otros personas son afectadas por alergias y a veces también asma.

Cuando el corazón se acelera y la tensión arterial aumenta, se genera una presión muy fuerte contra las paredes de las arterias y los vasos capilares, favoreciendo la acumulación de lipoproteínas (ácidos grasos) especialmente en las bifurcaciones. La membrana interior de la arteria (Endotelio) va sufriendo alteraciones, formando depósitos y pequeñas ulceraciones las cuales pueden favorecer la formación de trombos; este proceso puede llegar al punto de bloquear, las arterias coronarias que son las responsables de llevar el riego sanguíneo al músculo del corazón (Miocardio); entonces el tejido muere por falta de oxigeno y nutrientes; se llama Infarto del Miocardio.

El proceso también se presenta de dos maneras muy típicas en el cerebro.

- Se interrumpe la circulación en una zona debido a un tapón o émbolo (puede ser un coágulo o un ateroma), a la estenosis (estrechamiento) de las arterias por arteriosclerosis, en cuyo caso no llega la sangre donde debía hacerlo.

- También se da en áreas del cerebro en las cuales hay vasos capilares debilitados, los cuales pueden romperse, permitiendo que se derrame la sangre entre delicadísimas células del cerebro, generando grandes daños, no solo porque la sangre no pudo llegar a los tejidos a entregar nutrición y oxígeno, sino por la presión que se genera dentro del cráneo.

Luego de uno de estos accidentes, se genera edema (hinchazón), que empeora las cosas. Cuando se rompe un vaso sanguíneo en el cerebro, se llama comúnmente derrame cerebral. En medicina se denomina ACV, Accidente Cerebro Vascular.

ANOTACIONES:

_____

_____

_____

FUENTES DE ESTRÉS

La fuente de la tensión puede ser externa, es decir, que forma parte del medio ambiente y sus cambios o puede ser interna y en este caso formar parte del pensamiento o del cuerpo mismo.

Un terremoto puede generar tensión (amenaza física); de la misma manera el ser despedido del trabajo puede generar gran tensión (amenaza a la seguridad económica); todo esto tiene origen externo.

La preocupación de que algo malo va a suceder puede ser motivo de gran tensión, aunque nunca llegue a convertirse en realidad (amenaza imaginaria al bienestar); el miedo por causas irreales tiene tanto impacto en la persona como el miedo por causas reales; creer que se es víctima de una enfermedad grave, sugestionarse de que es real, genera tanta tensión como si se tuviesen pruebas irrefutables de su existencia. Se experimenta miedo al dolor o a la muerte.

Nuestro instinto de supervivencia dispara la reacción de tensión sin discriminar si la amenaza es real o sólo es fruto de la imaginación. Nuestro sistema nervioso autónomo no distingue la diferencia entre la realidad y la viva imaginación.

El miedo es necesario para la supervivencia; pero cuando está presente en muchas situaciones de la vida, aún sin causas reales (miedo a la oscuridad, miedo a las alturas, miedo a las críticas, miedo a envejecer) actúa como una verdadera muralla, generando excesiva tensión y frenando el desarrollo personal.

La preocupación, el resentimiento con otras personas, los sentimientos de culpa, una pobre auto-valoración, son fuente inagotable de una tensión innecesaria y además muy peligrosa para la salud síquica y física.

Basta recordar de manera muy vívida alguna situación traumática o relatarla a otros, para que los síntomas de tensión y las emociones asociadas con la experiencia se hagan presentes como si la experiencia se repitiese. "Recordar es vivir".

Los estímulos que disparan la reacción de tensión, se denominan FACTORES TENSIONANTES o ESTRESORES (En inglés "stressors").

FUENTES AMBIENTALES DE ESTRÉS

Las fuentes ambientales de tensión más importantes son:

Área Familiar

En el área familiar, los problemas de tipo económico son fuentes de tensión, junto con los problemas de comunicación y de fidelidad, además de los de compatibilidad sexual y de caracteres. Las dificultades financieras son responsables de una gran cantidad de conflictos de pareja y de divorcios.

Demos una mirada a algunos de los efectos de la tensión acumulada en el área familiar:

- Discusiones acaloradas
- Conflictos constantes
- Infidelidad
- Sentimientos de culpa y resentimiento
- Dificultades económicas
- Abandono del hogar por parte de alguno de los padres o de los hijos.
- Alcoholismo
- Separaciones y divorcio

Área Social

En el área social encontramos diversas fuentes de tensión, que van desde la competencia por mejorar el nivel y la aceptación, hasta otros más dramáticos como la inseguridad en las calles, que a su vez puede ser fruto de una desigual distribución de ingresos económicos.

Una de las fuentes más importantes de tensión es la creciente lucha personal por satisfacer las necesidades que nuestra sociedad de consumo va generando; la frustración que se experimenta al no poder dar respuesta a esas necesidades, por lo general conlleva grandes dosis de vacío, ansiedad y muchas veces de resentimiento social y familiar.

Algunos efectos de un alto nivel de estrés en el área social:

- Desastres por agresión o pánico en espectáculos públicos.
- Peleas callejeras
- Aumento del vandalismo
- Aumento de accidentalidad en las calles y carreteras
- Incremento de los conflictos internos en las colectividades.

- Se facilitan estados de expectativas negativas que posibilitan fenómenos como el pánico bancario. (Se disemina el rumor que un banco está en quiebra. Los clientes se acumulan para retirar su dinero. El banco entra en quiebra.)
- Se favorece la aparición de estados de preguerra

Área Laboral

En esta área se han realizado importantes estudios por tratarse de una activísima fuente de factores tensionantes.

Robert Pearse completó un estudio en 1.978, de 5 mil casos de gerentes y personal administrativo en organizaciones laborales; dividió las causas de tensión en tres diferentes áreas, así:

Causas de Estrés Individual

- Dedicarse a un trabajo que no se ama o disfruta
- Temor a fallar en un trabajo o tarea
- Cansancio emocional y físico por períodos de trabajo prolongados, por viajes y por límites de tiempo.

Causas de Estrés Interpersonal

- Apoyo inadecuado por parte de los superiores.

- Inadecuado desempeño de los superiores (Sentimientos de que el jefe es incompetente).
- Inadecuado desempeño de los subordinados

Causas de Estrés Organizacional
- Atmósfera de alta competitividad
- Poca claridad en funciones
- Insuficiente reconocimiento por logros
- Insuficiente información de posibilidades de desarrollo en la carrera laboral.
- Tener demasiado trabajo, más del que puede hacerse bien para sentirse exitoso o al menos para conservar la auto-estima.

Observaciones hechas en nuestros pacientes nos permiten agregar:
- Los casos de "negociación" del tiempo correspondiente a las vacaciones por dinero; se acumulan varios años sin descanso trayendo consecuencias físicas, síquicas y sociales.
- El subempleo: personas que a pesar de tener preparación académica, por necesidad deben aceptar

dedicarse a actividades diferentes a su área de desempeño y por debajo de sus propias expectativas.

En la universidad de Michigan, el doctor Robert Kahn ha dicho: *"El estrés causado en las organizaciones ofrece serios peligros al bienestar físico y mental de sus miembros".* Encontró que el 35% de los empleados se quejaban de ambigüedad en el trabajo; el 48% reportó frecuentes conflictos entre lo que otras personas esperaban de ellos en su trabajo; 45% sufrían de "sobrecarga laboral".

En la misma universidad, el psicólogo John P. French asegura que los cargos administrativos y de manejo ofrecen mayores riesgos a la salud que otras ocupaciones, ya que la responsabilidad por personas crea más tensión que la responsabilidad por cosas.

En exámenes efectuados para la NASA en el *Goddard Space Flight Center*, se descubrió que los administradores, como grupo, presentaban los ritmos cardíacos más acelerados, las tensiones arteriales más altas y que estos fumaban más que los científicos y los ingenieros. Y algo más, las historias médicas mostraron una incidencia de ataques cardíacos tres veces mayor en el grupo de administradores.

Veamos algunos efectos de un alto nivel de estrés o tensión en el área laboral:

- Competencia desmedida
- Aislamiento
- Incomunicación
- Alta rotación de empleados
- Grandes reducciones de la productividad
- Ambientes de temor
- Ausencia de mística y de sentido de pertenencia
- Falta de cooperación: Se desvanece el espíritu de equipo.
- Deterioro general en la calidad del trabajo
- Aumento exagerado de costos y desperdicio

FUENTES INTERNAS DE ESTRÉS

Es obvio que una persona hostil y ofuscada tiene posibilidades más altas de tensionarse frecuentemente y enfermar.

Las fuentes internas de tensión más importantes son:

Área física

- La falta de aceptación del propio cuerpo
- Sensaciones de debilidad por falta de ejercicio físico
- Al experimentar algunos de los síntomas antes mencionados como dolores de espalda o cólicos, la persona se alarma y cree que está enferma de gravedad, lo cual empeora los síntomas, generando un círculo vicioso.

Área afectiva

- Relaciones de pareja insatisfactorias por falta de afecto y atención.
- Peleas continuas que incomodan y cuestionan la salud mental de los que las viven.
- Soledad no deseada
- Falta de apoyo familiar o de los amigos por ausencia física.
- Falta de apoyo afectivo por juicios, críticas o desaprobación.

Área mental: La personalidad

Aprovechando el estrés para triunfar

- Tendencias a creerse enfermo sin estarlo realmente (Hipocondría).
- Predisposición a hacerse responsable de situaciones de las que no se tiene control.
- Hacerse cargo de situaciones que no son de su responsabilidad (Jugar a salvador sin haber sido solicitada la ayuda).
- Inclinación a auto culparse por muchas cosas, sin razón verdadera.
- Creer que preocuparse en exceso es una muestra de responsabilidad.
- Reaccionar de manera muy dramática ante eventos incómodos (Personalidad histriónica).
- Exigir más consideración o tolerancia de los demás hacia los errores y reacciones propios que la que se está dispuesto a brindar. (Egocentrismo manifestado en reacciones de víctima: "Tu reacción no es justa pero la mía sí pues estoy cansado, o triste. Deberías entenderme y no atacarme").

La ausencia de vida espiritual

- Creer que se está en un mundo sin Dios ni ley hace que muchas personas se sientan más vulnerables y aprehensivas.

- La presión por mejorar las condiciones económicas y sociales hacen que algunas personas pongan más interés en la búsqueda de lo material que en cultivar su paz interior. Se olvida o ignora que con tranquilidad y amor se puede alcanzar un altísimo estado de calidad de vida y al tiempo lograr más fácilmente las metas materiales.

- Conceder más valor a lo material que a lo espiritual genera una continua sensación de vacío que no parece llenarse con nada.

FACTORES QUE PARECEN INCIDIR EN LA SUSCEPTIBILIDAD AL STRESS.

Existen tres factores primordiales que parecen determinar el grado de susceptibilidad a las tensiones:

1. Grado de intensidad de los eventos vitales que actúan como factores tensionantes.

2. Tipo de personalidad, A o B.

3. Estilo de vida.

Aprovechando el estrés para triunfar

Los doctores Thomas Holmes y Richard Rahe de la Universidad de Washington diseñaron la muy conocida Escala de Puntaje de Reajuste Social, y que permite cuantificar los puntajes del estrés producido por uno o varios eventos sucedidos durante un período de un año.

Un puntaje de 150 indica que existe un 35% de probabilidades de que la persona enferme en los próximos dos años; un puntaje entre 150 y 300 indica una probabilidad del 51%; un puntaje mayor de 300 indica que existe un 80% de probabilidades de enfermar gravemente en los siguientes dos años.

Considero que una actitud de tranquila aceptación del acontecimiento vivido, puede modificar notablemente los porcentajes descritos.

Tranquila aceptación no es lo mismo que resignación o que emocionalidad reprimida.

Tabla de Holmes & Rahe de eventos tensionantes:

MOTIVOS DE ESTRÉS	VALOR
Muerte de la pareja	100
Divorcio	60
Menopausia	60
Separación de la pareja	60
Encarcelamiento o secuestro	60
Muerte o secuestro de un pariente cercano	60
Enfermedad o incapacidad	45
Matrimonio	45
Despido del empleo	45
Reconciliación con la pareja	40
Jubilación (pensión o retiro)	40
Cambio de salud en pariente cercano	40
Trabajar más de 40 horas por semana	35
Embarazo	35
Problemas sexuales	35
Llegada de un nuevo miembro de la familia	35
Cambio de rol (puesto) en el trabajo	35
Incertidumbre en el trabajo por reestructuraciones en la organización.	35

Aprovechando el estrés para triunfar

Cambio en el estado financiero	35
Muerte de un amigo (que no sea miembro de la familia)	30
Cambio en numero de discusiones con la pareja	30
Hipoteca o préstamo bancario	25
Problemas con hipoteca o préstamo bancario	25
Dormir menos de 8 horas	25
Cambio de responsabilidades en el trabajo	25
Problemas con la familia política o hijos	25
Logro o triunfo personal sobresaliente	25
La pareja comienza o deja de trabajar	20
Comenzar o terminar el bachillerato o universidad, pregrado o postgrado.	20
Cambios en las condiciones de vida (remodelación de la casa, visitas de familiares a dormir etc.)	20
Cambio en hábitos personales	20
Alergia crónica	20
Problemas con el jefe	20
Cambio en el horario o condiciones de trabajo	15
Cambio de residencia	15
Síndrome pre-menstrual	15

Cambio de escuela o colegio	15
Cambio de actividad religiosa	15
Cambio en actividades sociales	15
Préstamo menor	10
Cambio en la frecuencia de reuniones familiares	10
Vacaciones	10
Epoca de vacaciones navideñas	10
Infracción menor de la ley	10
TOTAL ACUMULADO	

(Esta escala ha sido adaptada de "La Escala de Reajuste Social" de Thomas Holmes y Richard Rahe. Fue publicada por primera vez en el "Diario de Investigaciones Psicosomáticas" copyright 1967, vol II p.214. Ha sido ligeramente modificada para la realidad latinoamericana.)

ESTRÉS EMOCIONAL Y ESTRÉS OXIDATIVO

No hay duda que el oxígeno es indispensable para la vida. Lo que no sabíamos hasta hace unos años es que el oxígeno tiene un lado oscuro, ya que en ciertas circunstancias es dañino para nuestra salud. A esto se le llama la paradoja del oxígeno.

Más de sesenta enfermedades degenerativas son fruto del estrés causado en las células y en los tejidos por algunas moléculas de oxígeno "inquietas", que en su conducta irregular dañan tejidos fundamentales del organismo. Esas moléculas y átomos son llamados radicales libres. Ese continuo proceso de deterioro es llamado estrés oxidativo.

Cuando respiramos, el oxígeno presente en el aire es llevado a nuestros pulmones, donde es recibido por la hemoglobina en la sangre y es transportado a las células en todo cuerpo.

Pensemos en un edificio de concreto y ladrillos. La estructura es sostenida por columnas, vigas y sus paredes. Las paredes a su vez son hechas de ladrillos que son pegados entre sí por un mortero de cemento y arena. Las tuberías de electricidad, agua, intercomunicadores, teléfonos, redes de computadores y desagües, pasan por entre los ladrillos.

En el cuerpo humano también hay columnas y vigas: Son los huesos que dan la estructura al edificio. Sin huesos, una persona sería una masa sin forma, sin soporte alguno.

Las células son como los ladrillos del cuerpo, pegadas entre sí con un poderoso y flexible mortero: La colágena. Y por el espacio entre las células pasan conductos que llevan las señales nerviosas, la sangre y otros líquidos. Cada célula es mucho más que una bolsita llena de gelatina. Contiene complicadísimas estructuras, sistemas de respiración, de hidratación, de comunicación, de memoria, códigos para alimentarse, reproducirse y hasta su propio laboratorio o cocina en el cual produce sus alimentos generadores de energía. La cocina u horno de la célula es la mitocondria, en la cual se toman los nutrientes entregados por la sangre, se suman al oxígeno y se produce el adenosin trifosfato (ATP), que es el compuesto que da energía a la célula. Esa es la "sopa" que la célula consume. Ella no sabe ni puede consumir directamente harinas, ni frutas, ni carne. En ese proceso de reducción o de "cocción", hay un subproducto muy conocido: H_2O, agua.

Recordemos que el oxígeno contiene un núcleo y dos electrones girando en sus respectivas órbitas. Hay una ley en la física que habla del equilibrio. Al quitarle un electrón a un átomo, se genera una descompensación intolerable. Ese átomo (de oxígeno en este caso), sea que esté solo o formando parte de una molécula en compañía de otros compuestos, experimenta la necesidad inmediata de conseguir el electrón que le falta. Como una madre que ha sido privada de uno de sus hijos, salta de inmediato en una carrera desenfrenada a ver cómo lo encuentra o al menos un electrón para adoptar. Ese desplazamiento es tan rápido que genera diminutas ráfagas de luz. A su paso desgarra la membrana de las células vecinas, destruye varias estructuras tales como las proteínas, ataca las paredes de los vasos sanguíneos y eventualmente afectan el núcleo de ADN, generando cambios o mutaciones.

Enfermedades como el cáncer, arteriosclerosis, enfermedad coronaria, asma, artritis, lupus, degeneración macular (una forma de daño irreversible en los ojos) y muchas otras, son el fruto principalmente del mencionado proceso continuo de estrés oxidativo. Pensemos en el siguiente ejemplo: Si estuviéramos dedicados a freír nuestros alimentos, es posible que eventualmente salte una gotita de aceite hirviendo y nos genere una pequeña quemadura en la piel.

Si esto sucede una sola vez por mes, no es la gran cosa. Pero si estuviéramos dedicados a esa labor todos los días y sin protección alguna, es posible que las múltiples quemaduras causen un gran daño a nuestra piel con el paso de los años. Otro ejemplo consiste en imaginar una chimenea encendida. No podemos negar que el fuego tiene un gran atractivo y una gran utilidad. Calienta la casa, genera un ambiente amable y de recogimiento.

Ahora imagina que una pequeña chispa salta de los leños encendidos y aterriza en la alfombra enfrente de la chimenea. Se forma un pequeño hueco, al quemar el tejido. Si no ponemos una protección en frente del hogar, con el paso de los años, las múltiples chispas que normalmente saltan van a dejar la alfombra en un estado muy triste de deterioro.

El doctor Kimball, profesor de biología de la Universidad de Harvard, dice que cada célula del cuerpo de una rata es bombardeada por los radicales libres, unas cien mil veces cada veinticuatro horas. En los seres humanos, en condiciones normales, se reduce al diez por ciento. ¡Estamos hablando de unos diez mil bombardeos cada día, en cada célula de nuestro cuerpo! Recuerda que a su paso los radicales dañan la membrana de las células, destruyen proteínas, deterioran el interior de los vasos sanguíneos y bombardean el núcleo de ADN (Acido desoxirribonucléico, que guarda la información de la herencia y de comportamiento normal de las células), iniciando procesos de mutación o cambios indebidos en la conducta y reproducción de las células. Esta es una poderosa razón para iniciar el cáncer y las demás enfermedades mencionadas.

Afortunadamente el cuerpo tiene sus propios sistemas de control del estrés oxidativo. Se trata de moléculas que neutralizan a los radicales libres, haciéndoles perder su capacidad destructiva. Se llaman antioxidantes y son obtenidos por el organismo a través de la alimentación. Me refiero a vitaminas, a compuestos nutricionales, coenzimas y minerales que el cuerpo no es capaz de producir solo. Desafortunadamente el organismo no da abasto a tan grave bombardeo, ya que por diversas razones el estrés oxidativo se aumenta de manera dramática haciendo insuficiente los recursos disponibles.

Los principales factores de aumento del estrés oxidativo son:

- Fumar cigarrillos, de manera activa o pasiva (estar en ambientes donde hay humo de cigarrillo).

- Fumar cualquier forma de vegetales o compuestos como la marihuana, el opio, el crack y el "bazuco" (de manera activa o pasiva).

- El estrés emocional

- El cansancio excesivo, sea físico o mental

- La contaminación del aire

- La contaminación del agua con sustancias químicas

- El ejercicio físico exagerado

- La falta de ejercicio físico

- Las radiaciones ultravioleta del sol

- Otras radiaciones venidas del espacio exterior

- Las radiaciones usadas para diagnóstico y tratamiento en medicina.

- Las radiaciones electromagnéticas y de otra índole, generadas por aparatos eléctricos y electrónicos como televisores, computadores, teléfonos celulares, videojuegos, radioteléfonos, transformadores, hornos microondas.

- El consumo de alcohol

Aprovechando el estrés para triunfar

- El consumo de drogas "recreativas"
- La comida "chatarra"
- Los azúcares refinados, presentes en bebidas gaseosas, en dulces, caramelos.
- Los alimentos altamente elaborados, como galletas industriales, dulces, hamburguesas, papitas fritas, etc.
- Cirugías
- Los medicamentos mismos
- La falta de suficiente agua en el organismo
- Las enfermedades en general son generadoras de estrés oxidativo que afecta otras partes del organismo.

No hay que ser físicos nucleares para darnos cuenta que en la vida actual hay muchas más fuentes de estrés oxidativo que en épocas pasadas, en las cuales las personas vivían en más armonía con la naturaleza y pareciera que estaban más libres de tanta amenaza.

Anteriormente la tierra tenía suficientes nutrientes para producir frutos y vegetales ricos en vitaminas, minerales y otros compuestos necesarios para la vida.

El aire era limpio, salvo en las épocas de quemas de cultivos. El agua era limpia y muchos podían tener acceso a fuentes de alta calidad como nacimientos y arroyos.

Hoy día se calcula que, en algunas ciudades, sólo respirar equivale a fumarse uno o varios cigarrillos por día.

Desde la segunda guerra mundial se han desarrollado cerca de sesenta mil compuestos químicos nuevos, la mayoría con acción contaminante en las aguas que bebemos y en el aire que respiramos. No olvidemos que desde las bebidas gaseosas, los jugos embotellados o enlatados, hasta las cervezas y los licores, todos ellos son preparados con aguas que son mejoradas, pero que aún conservan algunos elementos tóxicos para los cuales no hay aún sistemas económicos de limpieza.

En Estados Unidos, donde creemos contar con niveles distintos de calidad de vida, con toda la tecnología y avances, utilizamos fuentes de agua, que si bien están libres de gérmenes que causan diarreas e infecciones, están contaminadas por compuestos químicos que dañan los tejidos del organismo. Es una verdadera catástrofe mundial.

Aprovechando el estrés para triunfar

Más adelante, al revisar estrategias para el manejo del estrés, veremos como la nutrición suplementada de forma adecuada, nos ayuda a contrarrestar los efectos terribles del estrés emocional, el cual vemos que aumenta el estrés oxidativo.

ANOTACIONES:

_____

_____

_____

_____

_____

_____

_____

_____

_____

ESTRÉS Y TIPO DE PERSONALIDAD

El estrés no afecta de igual forma a todas las personas.

Los doctores Meyer Friedman y Ray Rosenman desarrollaron su teoría de las personalidades tipo A y B la cual tiene gran aceptación en el medio científico. Actualmente se considera la personalidad tipo A, como factor de riesgo para la aparición de enfermedades cardiovasculares en quien la posee.

El doctor David Jenkins, en recientes estudios concluye: Los disturbios emocionales tales como la ansiedad y la depresión, las interferencias con el sueño, tener un esquema de personalidad tipo A, aumentan altamente el riesgo de enfermedad coronaria.

Las características principales de la personalidad tipo A según Rosenman: "La persona lucha continua y vigorosamente para obtener gran cantidad de cosas del medio ambiente que lo rodea y en el menor tiempo posible."

En realidad, las personalidades tipo A son agresivas en su trabajo, impacientes, perfeccionistas, competitivas, les encanta hacer que las cosas se hagan, disfrutan cumpliendo a tiempo, son ambiciosas, tienen gran energía para el trabajo, descansan poco; prefieren ser respetadas que apreciadas; quienes poseen este tipo de personalidad tienen un riesgo tres veces mayor de sufrir enfermedades cardíacas que su contraparte tipo B.

Las personas tipo B son descritas como personas calmadas, pacientes, se toman el tiempo para disfrutar la belleza y el descanso, no les interesa figurar socialmente, no se sienten presionadas por el tiempo, son menos competitivas que las de tipo A.

Para tener una idea acerca de tu tendencia, pregúntate lo siguiente:

- ¿Tengo tendencia a competir o a demostrar constantemente que tengo la razón?
- ¿Me considero poseedor de una personalidad fuerte y algo dominante?
- ¿Me esfuerzo por lograr éxitos en el trabajo o en el deporte, o en cualquier área en la cual comparto actividades con otros?

Aprovechando el estrés para triunfar

- ¿Me gusta hacer que las cosas se desarrollen rápida y ágilmente?
- ¿Soy ansioso por recibir reconocimiento en general?
- ¿Tengo tendencia a irritarme fácilmente con las cosas o la gente?
- ¿Tengo intereses muy fuertes de progresar socialmente?
- ¿Realizo con frecuencia varias actividades al mismo tiempo?
- ¿Me siento presionado por el reloj, y desearía que el día tuviese más horas?
- ¿Me impaciento cuando me frenan o retrasan?

Contesta a estas preguntas valorando del 0 al 10 cada una de ellas; si la suma total es mayor de 50, tienes tendencia a poseer personalidad tipo A. Pon atención a tu nivel de estrés.

Hay que aclarar que nuestra civilización actual estimula los comportamientos de tipo A; hoy en día se recompensa especialmente a quienes trabajan de manera más rápida y agresiva; nuestra civilización con todo el hacinamiento, con los problemas de economía, el desarrollo tecnológico, presenta desafíos que las generaciones anteriores no tuvieron que afrontar; antes había más tranquilidad. Es necesario tener en cuenta que el comportamiento de tipo A no sólo depende de la personalidad, sino que se aumenta cuando existen retos y circunstancias ambientales que desencadenan este tipo de reacciones en individuos especialmente susceptibles a la tensión.

Definitivamente, en lo concerniente a personalidad, un buen paso para dominar el estrés consiste en desarrollar algo de la lucidez que caracteriza a las personalidades tipo B.

ANSIEDAD

La ansiedad es un sentimiento de aprehensión o miedo. La fuente de este sentimiento no siempre es identificada, lo cual aumenta el malestar en sí. "Nunca estás enojado, o triste o ansioso por lo que estás pensando". Ni triste ni deprimido.

Veamos que dice el diccionario médico Merriam Webster:

- La ansiedad es una inquietud dolorosa y aprehensiva de la mente, usualmente asociada a una enfermedad o situación pendiente o anticipada.
- Una sensación sobrecogedora y anormal de aprehensión, marcada frecuentemente por signos

físicos como sudoración, tensión y pulso cardíaco acelerado, acompañada de dudas acerca de la capacidad propia para enfrentarse a las dificultades.

La ansiedad es una de las manifestaciones más fuertes del estrés emocional. Se presenta como resultado de nuestra forma de enfrentar sucesos dolorosos, como por ejemplo terminar una relación amorosa, la enfermedad o muerte de un ser querido o una dificultad financiera. La ansiedad se aumenta en la medida que alimentamos en nuestro interior pensamientos y juicios negativos. Es el diálogo interior, esa conversación constante que tenemos con nosotros mismos la que más incide en cómo empeora la ansiedad. Afortunadamente sirve también para reducirla. El quehacer de nuestros amigos, con su compañía y consejo, consiste normalmente en recordarnos que sí tenemos la fuerza y recursos para afrontar lo que se nos viene encima.

"No hay mal que por bien no venga", como decía al principio del libro, es un dicho muy sabio. Un dicho de mi tierra es "Al que le van a dar le guardan. Y si llega tarde le calientan". Obviamente se refiere originalmente a algo de comer. Pero se aplica a todo. "Cuando una puerta se cierra, otra más grande se abre". Todas estas frases y otras que tu desees agregar, sirven para generar esperanza.

La ansiedad sumada a una respiración acelerada, a una forma obsesiva de pensar y una atención muy enfocada en las sensaciones del cuerpo, suele llevar con facilidad a ataques de pánico. Una clave es empezar a respirar despacio y profundo, mientras te repites a ti mismo (a), "Todo va a estar bien. Con calma voy a salir de esto". Continuar de manera repetitiva durante unos cinco o diez minutos. Hay que hacerlo como si estuvieses hablándole a una persona que amas mucho y para quien tienes todo el tiempo y la dedicación. Es necesario tratarse a sí mismo con gran gentileza y consideración en todo momento. No sólo durante un ataque de pánico. De todas formas, si se repite el ataque de pánico, es mejor buscar ayuda médica. En casos severos, la mejor combinación consiste en tomar alguna medicación apropiada (recetada por un médico), aprender a respirar, aprender relajación, orar y ponerse en unas sesiones de psicoterapia. La mayoría de las veces hay un componente emocional no resuelto que dispara las crisis de pánico.

Cuando la ansiedad es aumentada por nuestra propia manera de pensar, puede convertirse en depresión. Hay que buscar ayuda profesional.

DEPRESIÓN

En agosto del 2003, el doctor Bluementhal y un grupo de colaboradores de la Universidad de Duke, publicaron su descubrimiento: La depresión duplica el riesgo de muerte después de cirugía de puentes de arterias coronarias.

En febrero 9 del 2004, en los Archives of Internal Medicine se publicaba un estudio realizado por el doctor Wassertheil-Smoller y sus colegas, en el cual se observaba que las mujeres de edad avanzada que tengan síntomas de depresión, tienen riesgos aumentados de desarrollar enfermedad cardiovascular y de muerte.

La desesperanza, aspecto de la depresión, ha sido relacionada con muerte súbita tanto en humanos como en animales.

Un fenómeno relacionado es el "cansancio vital", que cuando se presenta puede predecir problemas del corazón en personas sanas y enfermas.

ESTRÉS Y ENFERMEDAD CARDIOVASCULAR

El estrés y la ansiedad incrementan el ritmo de latidos del corazón, aumentan las necesidades de oxigeno del músculo que forma el corazón y disminuyen la cantidad de sangre que lo irriga para su funcionamiento. A largo plazo el estrés ayuda en la producción de arteriosclerosis (las arterias se estrechan en su interior por acumulación de tejidos grasos en sus paredes), se generan ateromas (cuerpos compuestos por coágulos que se cubren de moléculas de grasa y taponan las arterias, facilitando que se dé un infarto) y se afecta la capa interior de las arterias (endotelio) generando una fuerte tendencia a su contracción lo cual favorece el aumento de la presión arterial.

Algo muy importante es que el sistema nervioso simpático se estimula en los procesos de tensión y ansiedad, aumentando la presión arterial, facilitando la aparición de arritmias (el corazón se siente latir a destiempo, a veces muy rápido, a veces lento) y lo peor, se aumentan las posibilidades de muerte súbita.

El estrés causado por alguna forma de duelo, aumenta notablemente el riesgo de muerte, particularmente por enfermedad cardiaca isquémica (las arterias se contraen limitando el flujo de la sangre que nutre el corazón). Esto quedó demostrado por un estudio realizado por el doctor J. Kaprio y sus colaboradores , en una población de 95,647 personas viudas. El riesgo era mayor justo después de la pérdida afectiva.

El estrés causado por enojo puede hacer que el corazón trabaje fuera de sus ritmos normales (arritmias), tal como lo confirma el estudio de la doctora Rachel Lampert y su grupo de colaboradores.

Un estudio reciente llevado a cabo por el doctor Yan y su grupo de colaboradores demuestra que personas jóvenes impacientes y personas que tienen actitudes hostiles, tienen un riesgo mucho mayor de sufrir de hipertensión arterial a medida que envejecen.

Es evidente que este tipo de personas tienen más predisposición a fumar, como una forma de escape a su ansiedad, lo cual empeora la situación del organismo. En nuestro libro de medicina, "Factores de riesgo cardiovascular, mitos y realidades", editado por el Dr. Nicolás Jaramillo, hemos recogido lo más reciente en estudios y observaciones sobre estos temas.

El enojo y la hostilidad tienen una alta relación con la posibilidad de desarrollar desórdenes graves del corazón, como la fibrilación auricular (parte del corazón deja de trabajar adecuadamente, poniendo en gran riesgo a la persona), tal como los demuestra un reciente estudio realizado por la Doctora Elaine D. Eaker y Colaboradores. publicado en Circulation, marzo del 2004.

Una de las conclusiones fue que el estrés mental o emocional, puede precipitar isquemias (limitación de la circulación en el corazón) a menudo silenciosas (no se sienten) en pacientes con enfermedad de las arterias del corazón.

Aprovechando el estrés para triunfar

El estrés no sólo afecta la aparición de la enfermedad cardiaca, sino que puede influir en los resultados de las intervenciones. Un estudio realizado en la Universidad de Ohio por Kiecolt-Glasser y Colaboradores refleja que algo transitorio, predecible y benigno como es el estrés que experimentan los estudiantes universitarios al enfrentar sus exámenes, puede retardar el proceso de cicatrización de una herida hasta en un 40%. Se observó además que ciertas sustancias que ayudan al sistema de defensas, se reducían en su producción en época de exámenes.

AISLAMIENTO Y FALTA DE SOPORTE SOCIAL

Experimentar soledad, o contar con muy pocas personas, es decir, una red social pequeña, se asocia en promedio con un incremento de 2 ó 3 veces en la incidencia de enfermedad coronaria. Cuando alguien siente que tiene muy poco apoyo de los demás, el riesgo de un evento cardiaco futuro se aumenta hasta por tres veces.

En el Departamento de Psiquiatría y Ciencias del Comportamiento del Centro Médico de la Universidad de Duke, el Dr. J.A: Blumenthal y Colaboradores corroboraron que las intervenciones desde la conducta, como hacer ejercicio físico y practicar estrategias de manejo del estrés, ofrecen beneficios adicionales al tratamiento médico en pacientes cardíacos.

ESTILO DE VIDA

En esta parte deberíamos considerar el estado socioeconómico, el tipo de trabajo que realiza la persona, sus creencias religiosas, el nivel cultural, su situación familiar y afectiva, sus hábitos alimenticios, si consume alcohol, si fuma, si toma café, su nivel de descanso, la actividad de tipo sexual, si practica alguna forma de ejercicio físico o deporte, el tipo de diversiones y pasatiempos que tenga y muchas otras que no alcanzaríamos a considerar.

Alguien especialmente tensionado podría verse necesitado de hacer cambios sustanciales en algunas de sus costumbres, quizá deba disminuir el consumo de café, cigarrillo y alcohol (esto le ayudaría económicamente), iniciar un plan de ejercicio físico apropiado a su salud, adquirir nuevos hábitos de diversión, etc.

En el mundo actual, una de las fuentes más importantes de ansiedad y depresión es el factor económico. Si alguien no dispone de momento de otras fuentes de ingresos, debería hacer un plan de gastos racional cuidando sus prioridades, distinguiendo lo urgente de lo importante y lo importante de lo superfluo, para reducir así un poco la presión. Además bajo extrema tensión, es muy difícil producir ideas brillantes y prácticas.

Con las explicaciones dadas acerca del origen de algunas enfermedades y acerca de los efectos sicológicos y sociales, no se pretende de ningún modo generar un pánico ni mucho menos asustar a la persona que se familiariza con el estudio del estrés. El objetivo es generar consciencia de la importancia que el tema se merece y ante todo motivar al estudioso a que tome cartas en este asunto que de manera tan obvia le compete. Cada persona tiene a mano herramientas de pensamiento y de acción que son poderosísimas para aprender a controlar el estrés excesivo, verdadero flagelo de nuestro tiempo.

ANOTACIONES:

_____

_____

_____

_____

_____

_____

_____

_____

_____

_____

www.luisgaviria.org

ESTRATEGIAS PARA EL MANEJO DEL ESTRÉS

Una alimentación balanceada

Siempre se ha dicho que si alguien come bien, no necesita nada más. Hoy más que nunca, esa es una afirmación ingenua. Además se habla que con los mínimos de consumo de vitaminas es suficiente. Entre 1920 y 1930 se establecieron los RDA (Recommended Daily Allowances), o sea las dosis diarias recomendadas para tomar diez nutrientes esenciales. La verdad es que esas tablas fueron diseñadas para disminuir la incidencia de enfermedades como el escorbuto (enfermedad causada por deficiencia severa de vitamina C), la pelagra (causada por deficiencia de niacina) y el raquitismo (causado por deficiencia de vitamina D, calcio y o fosfato).

No hay duda que las dosis de vitaminas propuestas por los RDA cumplieron con su propósito. (Personalmente no he visto un solo caso de estas enfermedades en mi práctica clínica de veinte años, aunque algunos colegas que practican en Suramérica, en áreas muy abandonadas, reportan algunos casos. Como siempre, la desnutrición es la razón.)

Con el tiempo se fueron incluyendo más compuestos a las RDA. El gobierno americano ha exigido siempre que en los envases de nutrientes y vitaminas se publique el porcentaje según los RDA, del contenido de estos compuestos.

Mucha gente, incluyendo el personal de la salud, tiende a creer que los RDA son la base de la alimentación. La verdad es que tomar nutrientes de acuerdo con los RDA, nunca va a prevenir el estrés oxidativo que genera las enfermedades degenerativas como el cáncer o la enfermedad cardiovascular.

Por ejemplo, la RDA de vitamina C es de 75 mg. por día. Algunos llegaron a discutir la necesidad de aumentar estas dosis a 200 mg. por día. Existe literatura médica que sugiere que el cuerpo humano necesita 1,000 mg. de vitamina C cada día, y los beneficios de salud aumentan cuando nos acercamos a los 2,000 mg. por día.

Para alcanzar a tomar 1,300 mg. de vitamina C, sería necesario comer unas 15 naranjas medianas, cada día! Otra forma sería tomar unos diez vasos de jugo de naranja todos los días. Suena exagerado, verdad? Parece que no lo es.

Aprovechando el estrés para triunfar

Para tomar lo necesario de vitamina E, unas 450 u.i. (unidades internacionales), tendríamos que comer unos 80 mangos, o comer dos libras completas de semillas de girasol, en un día!

La verdad es que muy contadas personas hacen esto. Los suelos ya no son tan fértiles como en los tiempos antiguos. Nuestros vegetales son cultivados compensando con abonos químicos que terminamos llevando a nuestros cuerpos y generando aún más radicales libres.

Veamos los siguientes datos. En The American Journal of Nutrition, en diciembre del año 2004, el Dr. Donald Davis de la Unviersidad de Texas reportó un estudio acerca del contenido de vitaminas y minerales de cuarenta y tres vegetales y frutas, comparando los datos con la información nutricional de 1950.

El equipo del Dr. Davis descubrió que en los últimos cincuenta años, ha habido disminución en las cantidades de proteínas, fósforo, calcio, hierro, riboflavina, y vitaminas C, presentes en las cosechas. EL Dr. Davis expresó su preocupación porque también han disminuido otros nutrientes como magnesio, zinc, vitamina B6, vitamina E y fibra en la dieta.

Estudios muy amplios realizados en 1950 por el Dr. Firman Bear de la Universidad de Rutgers, abarcaron muestras de la cadena alimenticia en los Estados Unidos. Los hallazgos fueron sorprendentes. En un estudio en el cual comparó el contenido de minerales en 3.5 onzas de tomates en varias cosechas de diferentes partes del país, encontró que la cantidad de calcio variaba entre 14 y 72 mg. Las cantidades de magnesio fluctuaban entre 8 y 109 mg!

Otros estudios mostraron reducción en las cantidades de vitamina C, vitamina A, vitamina E y ácido fólico, aparentemente debidas a cosechas prematuras.

Es perfectamente claro que los contenidos de vitaminas y minerales de nuestra cadena alimenticia están disminuyendo rápidamente.

Si esto es cierto en un país con los niveles de desarrollo y cuidado como es los Estados Unidos, qué podremos decir de nuestros países latinoamericanos en los cuales hay dificultades desde lo político y lo económico para mejorar los suelos.

A todo esto debemos agregar que el cuidado de las cosechas implica fumigar con compuestos químicos altamente tóxicos, tales como los fungicidas, los insecticidas, los matamalezas. Lo que estamos comiendo hoy día son productos bajos en nutrientes y cargados en venenos que a su vez generan un mayor estrés oxidativo en nuestro organismo. Me preocupan las propiedades cancerígenas de algunos químicos usados en el cuidado de las cosechas. La única manera de empezar a alimentarnos bien es suplementando nuestra nutrición de una manera adecuada. En lo posible debemos comer productos cultivados de forma orgánica (sin pesticidas o matamalezas químicos), suplementados por buenas fórmulas de vitaminas y minerales.

Tengamos en cuenta otras consideraciones: Una persona que almuerza o cena un plato con mucho arroz, pan o arepas (tortas de maíz, muy parecidas a las tortillas de maíz mexicanas), yuca, papas (todos ellos carbohidratos, es decir harinas), un trozo de carne de res, cerdo, pescado o pollo (proteínas) y un par de rebanadas de tomate (vegetales), podría creer, según nuestras tradiciones latinas, que está muy bien alimentada.

Todo apunta a que la mejor nutrición es más baja en carbohidratos, alta en frutas y verduras y con una porción moderada de proteínas.

La observación nos demuestra que deberíamos comer varias porciones de frutas al día. Al menos cinco o seis. Nuestros platos de comidas principales deberían estar formados por una gran ensalada, carbohidratos de lenta transformación en azúcares como la coliflor, el brócoli, los fríjoles, las lentejas y una cantidad mínima de arroz o harinas.

Además de todo esto, necesitamos suplementar nuestra dieta con vitaminas, minerales de buena calidad.

Mis pacientes me preguntan con frecuencia si los multivitamínicos A a Z de diversas marcas son adecuados. Consideremos los siguiente. Las típicas tabletas duras fueron estudiadas por el Centro de Control de las

Enfermedades de los Estados Unidos y los resultados fueron poco alentadores.

No sorprenden los resultados de un estudio realizado a más de un millón de personas, en un período de 7 años y no mostraron ninguna reducción en la mortalidad por enfermedad cardiaca y accidente cerebro-vascular.

Desafortunadamente los productos estudiados no incluyen elementos fundamentales como el extracto de semilla de uva, el ginkgo biloba, o la coenzima Q10. Las formulaciones están hechas usando bajas concentraciones de nutrientes de baja calidad. Muchos de los llamados minerales son sólo roca molida y es obvio que no funcionan tan bien como otros elementos de mejor calidad. Algunas tabletas contienen rellenos difíciles de digerir, compactantes y esmaltes; frecuentemente son manufacturadas bajo toneladas de presión a altas temperaturas las cuales destruyen el valor nutricional.

Sueño

El dormir es necesario para el descanso y la buena salud; pero no es suficiente para deshacerse del estrés acumulativo; al poco tiempo de despertar, se vuelven a experimentar los síntomas de tensión.

Liberación de agresividad

Gritar, desahogarse, golpear objetos, si no se hace en el ambiente adecuado, se podría convertir en mayor fuente de conflictos y de tensión. Cuando se efectúa como parte de un programa de deporte (Artes marciales, Lucha, etc.) tiene efectos muy positivos y relajantes.

Reducir el consumo de alcohol y nicotina

El alcohol inicialmente ayuda a liberarse de la tensión, pero tiene consecuencias posibles muy desastrosas y quizá más productoras de estrés que el problema original. Lo mismo podemos decir de cualquier forma de adicción a fármacos, a tranquilizantes, entre otros. Es mucho más lo que se pierde que lo que se obtiene.

El tabaco parece ayudar también a liberarse un poco de las tensiones; sólo que el gas tóxico CO_2 contenido en él, sumado a las demás sustancia dañinas desata la reacción de estrés en el organismo con todos sus síntomas, incluyendo la generación de pequeños coágulos que viajan por el torrente sanguíneo, con peligro de llevar a infartos.

Si además la persona que fuma tiene propensión o a desarrollado síntomas de enfermedad coronaria, cada cigarrillo que se lleva a la boca podría ser el último antes de que el organismo entre en colapso. El tabaco también agrava la gastritis y es clave en el desarrollo de enfermedades respiratorias graves y también de cáncer.
Reducir el café y las bebidas con cafeína.

Diversiones

Asistir a un espectáculo o disfrutar de una fiesta puede ser relajante, al menos temporalmente. Pero no es un remedio en el cual se pueda confiar como única salida. Es de tenerlo en cuenta, si se usa en unión de otros más adecuados.

Ejercicio Físico

Existen investigaciones que han reportado el efecto terapéutico del ejercicio físico, si se practica con moderación, y teniendo en cuenta las condiciones del organismo del individuo. Exagerarse podría ser también fatal.

El ejercicio físico regular y moderado, mezclado con suficiente sueño y una dieta balanceada bien suplementada con antioxidantes, vitaminas y minerales, es la mejor de las estrategias hasta ahora descritas.

Por lo observado en grandes grupos de personas que practican deportes, muchas personas no logran dominar su estrés ni siquiera a base de grandes dosis de ejercicio. Falta trabajar con componentes que quizá han dado origen a todo el problema: El manejo y la nutrición de la mente y el cuerpo.

Masajes

Los masajes han sido, desde hace muchos siglos, una práctica de gran aceptación como ayuda terapéutica en unos casos, y como fuente de bienestar físico en la mayoría de ellos. Un buen masaje en el área de los hombros, tiene cualidades muy especiales de inducción a la relajación y al descanso, sobre todo en las personas que tienden a somatizar su estrés a través de espasmos musculares o de tensión muscular continua. Vale la pena destacar que ciertos dolores de cabeza, las cefaleas tensionales, son el fruto de tensiones acumuladas sobre los hombros, en la nuca, y en las áreas adyacentes. En algunos casos, un masaje adecuado serviría para prevenir la aparición del dolor y en otros casos cuando el dolor ya ha hecho su aparición, serviría para disminuirlo y a veces para eliminarlo.

Un masaje adecuado y oportuno será siempre fuente de bienestar y de prevención para algunos desarreglos generados por el estrés; en nuestros seminarios enseñamos una forma simple de masaje, para aplicarlo a otras personas, y una forma de auto masaje, es decir, que cada persona puede administrárselo a sí misma.

Relajación

Algunas formas de manejo de las tensiones tienen muchos siglos de existencia; la relajación es una de ellas, y consiste en un proceso gradual de aflojamiento de los músculos hasta lograr que el cuerpo entre en un estado de economía. Mientras dura este estado, algunas personas experimentan sensaciones de pesadez, otras de ligereza, y la gran mayoría disfruta de un gran descanso.

Al mismo tiempo se presenta un proceso de mejoramiento en la circulación sanguínea a nivel de la piel y el sistema digestivo, se inicia la disolución de ciertos núcleos de tensión acumulados en algunos grupos musculares, facilitando no sólo un completo descanso sino una verdadera regeneración celular, debido a que las energías del organismo no están siendo gastadas en movimiento ni en tensiones innecesarias.

Meditación

La meditación a su vez, es una forma de lograr un estado especial de paz interior. No compete a este estudio discutir los beneficios de tipo espiritual que la meditación ofrece; pero basta con decir que la meditación lleva a la persona a un estado de serenidad tal, que su contacto con el mundo interior y exterior se fortalece, permitiéndole desarrollar una mayor consciencia de si misma.

En el terreno práctico, quien medita mantiene una actitud más cooperativa con los demás, parece tener energías de sobra para lo que haya que afrontar, y la capacidad de memorización y la creatividad se ven especialmente incrementadas. La meditación requiere de la relajación, por lo menos en sus comienzos.

Hipnosis clínica

La hipnosis es una forma de lograr que alguien, por medio de unas sugestiones externas, altere sus percepciones, sus estados de ánimo, y su conducta; por medio de hipnosis se puede lograr que alguien que sea demasiado tenso, llegue a relajarse adecuadamente, y se sugestione positivamente de poder lograrlo cada vez que lo desee; la hipnosis es un estado en que la persona se sugestiona muy fácilmente.

No todas las personas pueden ser hipnotizadas con facilidad, ya que se requiere una amplia cooperación y mente abierta. Desafortunadamente algunas personas han tomado la hipnosis como un pasatiempo, ridiculizando a quienes logran hipnotizar, convirtiendo este fenómeno en un simple espectáculo de circo.

Cuando hablamos de hipnosis nos referimos a la hipnosis clínica y a la hipnosis con fines educativos e investigativos.

Biofeedback

Solo a mediados de los años sesenta nace el Biofeedback (Biorretroinformación) como disciplina de investigación y herramienta de terapia. Aunque el tiempo se encargó de desanimar algunas de las propuestas terapéuticas del biofeedback, su vigencia desde el punto de vista investigativo se mantuvo intacta, gracias a la calidad de los instrumentos biomédicos que se siguen desarrollando. Por su alta resolución (capacidad de mostrar cambios minúsculos en las señales del cuerpo), los monitores computarizados nos permiten observar las alteraciones que en la fisiología humana genera un pensamiento y más aún, una emoción.

Los desarrollos en bioquímica permiten contar con medidas antes no disponibles tal como la presencia de las ciertas drogas que el cuerpo produce (como las interleukinas). Todo esto nos lleva a entender por qué las escuelas de medicina de universidades tan prestigiosas como Harvard y Ohio State cuentan con programas serios de investigación en el campo de la medicina del estrés.

Aprovechando el estrés para triunfar

Personajes como el Dr. Herbert Benson (Harvard) y la Dra. Janice Kiecolt-Glaser (Ohio State) son proponentes de peso que han ayudado en los últimos tiempos a verificar fenomenologías que ya no podemos descartar.

El Biofeedback es una forma de terapia que ha ganado excelente aceptación por sus efectos extraordinarios en el tratamiento de muchos desórdenes relacionados directamente con el estrés. Sirve también como método de prevención (Profilaxis).

El Biofeedback se basa en la capacidad del individuo de auto-regularse, es decir, de controlar muchos de sus procesos fisiológicos que antes se consideraban imposibles de manejar.

Esos procesos fisiológicos incluyen la relajación de ciertos grupos musculares, la modificación del flujo sanguíneo hacia ciertas áreas, la disminución de la actividad del Sistema Nervioso Simpático en forma de sudoración y cambios en las condiciones eléctricas de la piel, el ritmo cardíaco, la tensión arterial, los ritmos eléctricos del cerebro, etc. Llegar a controlar esos procesos de manera voluntaria es el resultado de un entrenamiento especial; este se logra conectando ciertos monitores electrónicos a diversas partes del organismo, los cuales amplifican las señales fisiológicas.

La persona en entrenamiento se hace consciente de esas señales y por medio de imaginaciones guiadas y la propia voluntad, comienza a lograr modificaciones que favorecen la recuperación y la armonía.

Tan pronto ha desarrollado la destreza de modificar sus procesos fisiológicos, ya no necesita más de los monitores electrónicos pudiendo ejercer su habilidad de autocontrol en cualquier momento en que lo necesite.

Uno de los aspectos más importantes del Biofeedback es que se basa en el aprovechamiento del potencial mismo del individuo; no tiene efectos colaterales negativos; permite tratamientos en personas que no podrían ser tratadas de sus desórdenes con ciertos tipos de droga. En fin, el Biofeedback presenta al individuo la oportunidad de desarrollar sus mecanismos de neutralización del estrés de una manera efectiva, pudiéndose aplicar (tal como lo expresé anteriormente) como técnica curativa y como técnica preventiva.

Vale la pena revisar algunos conocimientos básicos acerca de nuestro organismo. Demos una mirada a nuestro sistema nervioso.

Contamos con un sistema nervioso voluntario y un sistema nervioso autónomo. Ambos sistemas están constituidos por centros nerviosos y por complicadas redes distribuidas por todo el organismo. El sistema nervioso voluntario o central y periférico y cerebroespinal, es el que regula las relaciones con el medio; es el que permite percepciones, sensaciones y movimientos; como su nombre lo dice lo maneja en gran parte la voluntad, y está bajo el dominio de la conciencia.

El sistema nervioso autónomo o involuntario o neurovegetativo, es el que se encarga de controlar los procesos internos y las funciones vitales como la digestión, la circulación de la sangre, la respiración, los mecanismos de secreción y aunque es automático en su funcionalidad, cada vez hay más pruebas de que puede ser influido por la conciencia.

Este sistema a su vez se subdivide en dos:

Sistema Ortosimpático o Simpático: Es el que desencadena de la reacción de estrés; cuando se activa por el miedo o la ansiedad, se libera adrenalina, se acelera el ritmo cardíaco, se acelera la respiración, aumenta la presión arterial, se dilatan las pupilas, las arterias se adelgazan, se inicia sudoración, y por ende cambian las condiciones eléctricas de la piel, lo cual permite medir estas reacciones.

El sistema Parasimpático: Es antagonista del anterior; cuando se activa se genera una reacción que podríamos llamar "antiestrés":

El ritmo cardíaco se hace más lento y armonioso, se dilatan las arterias y los vasos capilares, disminuye la presión arterial, desciende el nivel de hormonas de estrés, descienden los niveles de azúcar y de colesterol libres en la sangre, aumenta el peristaltismo (movimientos de la fibra muscular intestinal); se reduce la sudoración.

Todo esto es observable en el individuo en estado de relajación profunda, en meditación y en aquel que está en niveles de conciencia en los cuales experimenta tranquilidad.

Relajación comparativa

La relajación comparativa es un método sencillo que permite lograr una relajación muy completa en unos pocos minutos; mientras la persona alternadamente tensiona y relaja los diversos grupos musculares del cuerpo, concentra su atención en las sensaciones que se producen.

Esto le permite experimentar claramente la diferencia, y desarrollar la capacidad de hacerlo cuando lo desee; el ejercicio se demarca con la respiración, lo cual genera un estado de oxigenación óptimo, favoreciendo los resultados. El practicante inhala profundamente mientras se tensiona contando de uno a cuatro, retiene la respiración contando hasta dos y tensionándose cuanto pueda, y luego exhalando mientras cuenta regresivamente de seis a uno mientras afloja totalmente el grupo de músculos respectivo. El ritmo es: uno, dos, tres, cuatro (inhalando), uno, dos (reteniendo), seis, cinco, cuatro, tres, dos, uno... (Exhalando). Es el mismo ritmo que se emplea como base para la respiración cuando se está haciendo concentración inicial en ella.

La relajación directa

En esta relajación, el practicante enfoca su atención en un grupo de músculos y se repite a si mismo: "Cada vez estos músculos están más y más sueltos y relajados; mi mano está cada vez más y más suelta y relajada". Como vemos, en este caso es verbal la inducción. Algunas personas la encuentran muy efectiva y agradable.

La imaginación guiada

La imaginación guiada es un método para ayudar a quien no ha desarrollado su capacidad de relajación, para que logre un estado de serenidad, que llamamos Alfaliminal, pues se trata del estado mental asociado con la producción de las ondas alfa en el cerebro. Ayuda a mantener enfocada la atención, desarrolla en la persona la capacidad de visualización (tan importante en la obra creativa), y permite la estimulación por autosugestión de los diferentes canales de aprendizaje; al mismo tiempo, quienes son expertos en el arte de la relajación, disfrutan enormemente estos procesos por lo agradables y didácticos. La imaginación guiada es una herramienta inapreciable en el aprendizaje acelerado.

Aprovechando el estrés para triunfar

Los siguientes elementos son tomados de la Neurolingüística.

Puntos de referencia y estimulación

Supongamos que tuvimos la experiencia de visitar un lugar muy agradable en el cual disfrutamos mucho; había un aroma presente en el lugar.

Cada vez que en cualquier circunstancia percibamos el mismo aroma, nuestro pensamiento tenderá a recrear las imágenes de aquel lugar, los colores, los sonidos, las emociones, y obviamente las sensaciones de tipo físico que allí vivimos. El aroma fue el punto de referencia para reconstruir la experiencia.

Además, en la medida en que más canales sensoriales participen, mayor será la capacidad de recordar y recrear las circunstancias con facilidad.

De la misma manera, y con el fin de lograr que la relajación se convierta en algo familiar y fácilmente obtenible, se genera un reflejo condicionado de tipo táctil, uniendo el dedo pulgar y el dedo medio de cualquiera de las manos (o de ambas). Este es otro anclaje o punto de referencia.

Si una persona tiene una práctica religiosa, puede lograr estos efectos con la oración.

Con mis pacientes utilizo palabras como serenidad, paz, tranquilidad, para evocar estados de paz interior.

Como refuerzo motivacional se usan palabras de contenido positivo y energético.

Se genera un reflejo condicionado o punto de referencia visual, al traer a la imaginación un color que previamente ha sido escogido como asociado a sentimientos de paz en la persona.

También se puede utilizar la imagen de un lugar o un paisaje que evoque mucha paz o descanso.

A veces, el hecho de visualizar las palabras como si estuvieran pintadas con el color elegido, es suficiente para generar la respuesta de relajación.

Aprovechando el estrés para triunfar

Cada persona tiene una diferente tendencia de sensibilidad a sus sentidos y eso determina su principal destreza y recurso de aprendizaje.

Las personas con tendencia auditiva recuerdan fácilmente conversaciones, melodías, sonidos en general; entonces deberán hacer énfasis en los anclajes de tipo verbal y auditivo en general.

Quienes tienen tendencia visual recuerdan fácilmente paisajes, colores, formas, vestimentas; entonces deberán utilizar preferiblemente puntos de referencia o anclajes visuales: colores, palabras escritas, etc. Aquellos con tendencia kinestésica (a recordar e imaginar con más facilidad olores, texturas, sabores, sensaciones de comodidad, etc.), podrán utilizar muy especialmente un enfoque de su atención hacia los anclajes de tipo táctil, y directamente a las sensaciones de pesadez que acompañan la relajación, la temperatura ambiente, etc.

Bueno, hemos invertido todo este tiempo en familiarizarnos con el estrés, con sus implicaciones en la enfermedad. También hemos tocado el tema de algunas estrategias para manejarlo. En el próximo capítulo vamos a estudiar formas prácticas para poner el estrés de nuestro lado y usarlo para triunfar.

ANOTACIONES:

_____

_____

_____

_____

_____

_____

_____

_____

_____

QUE TE FRENA?

Bueno, quiero pedirte que hagas una lista de las cosas que te han frenado en la vida o que sientes que ahora influyen para que te sientas estancado. Vas a coger una hoja de papel, no vas a usar un libro agenda o cuaderno. Ve, toma los materiales y regresa aquí cuando estés listo. No basta con leer. Es más poderoso cuando haces los ejercicios.

¿Listo?

Veamos algunos ejemplos de lo que se te puede ocurrir:

- Mis padres no fueron suficientemente afectuosos conmigo.
- Mis padres fueron excesivamente afectuosos conmigo. Me castigaban demasiado
- Destrozaron mi autoestima
- Crecí en un barrio muy pobre
- Crecí en una familia muy rica y no desarrollé capacidad de supervivencia.
- Mi padre era alcohólico
- Mi padre era demasiado bueno para mi gusto
- No soy una persona atractiva
- Soy una persona atractiva

- Mi jefe me tiene sometido y sin posibilidades de sobresalir.
- No tengo suficiente educación
- Tengo demasiada educación y no se por donde empezar.
- No tengo pareja que me ame
- Perdí la pareja que amaba
- Se murió alguien a quien yo amaba mucho
- Me dejaron por alguien más
- No hay posibilidades de trabajo para mí.
- Estoy muy gordo o gorda
- Nadie me mira
- Perdí una fortuna en un negocio
- Perdimos todo lo que teníamos por un secuestro
- Mi hermana o hermano me opaca en todo lo que hago.
- Mi hermana o hermano es el o la preferida de mi padre (o mi madre).
- Mi esposa o esposo cree que soy tonta o tonto
- No he podido dejar un vicio que me frena mucho
- Confieso que soy muy rencoroso o rencorosa
- Me tiene muy atrapado mi pasado
- Dios me ha castigado o me está castigando

Aprovechando el estrés para triunfar

En fin, escribe lo que sinceramente creas que se aplica a ti. Quiero pedirte que mires esos titulares que has escrito.

Si escribiste varios motivos, asígnales un porcentaje de impacto en tu vida. Si son tres y te afectan por igual, entonces pon 33% en frente de cada uno. Quiero pedirte que pienses con mucho juicio:

- ¿Realmente esto es lo que te está frenando?
- ¿Por cuanto tiempo vas a permitir que te frene?

Muchas personas han tenido peores situaciones en la vida y están triunfando. ¿Porqué tu vas a ser la excepción?

Recuerda algo: Así como nunca estas enojado o triste por la razón que piensas, lo más probable es que estas razones que anotaste no sean las fundamentales. Pero es evidente que te afectan! ¿Recuerdas al principio cuando hicimos el ejercicio de imaginar una naranja o un limón jugoso con sal y que la boca se nos fue llenando de saliva? La mente subconsciente no sabía que el limón era imaginario. El sistema nervioso envió órdenes de producir saliva como si de verdad hubiera limón.

Llego la hora de usar el mismo mecanismo de nuestra mente. Hay que mostrarle a nuestra mente inconsciente que los motivos que escribiste van a desaparecer.

Con esto no se van a ir como por arte de magia, pero vamos a aprovechar esos mecanismos para quitarles fuerza a esas razones escritas.

Lee cada razón que has escrito, en voz alta. Al terminar de leer cada razón, vas a decir "Yo puedo superar esto. Voy a salir adelante y voy a triunfar". Si crees en Dios, agrega "Todo lo puedo en Dios que es mi fuerza, o en Jesús, o como tu llames a Dios. Dilo luego de expresar cada motivo de estancamiento que hayas escrito. Ponle fuerza a tus palabras. Ponle fe.

Ahora busca unos fósforos o un encendedor. Ve a un sitio seguro, donde puedas quemar la hoja de papel y la veas consumirse. ¡Recuerda que no es magia! Se trata que tu mente inconsciente, la misma que envía saliva a la boca al imaginar el limón, vea cómo simbólicamente desaparecen las razones que te frenaban, al quemar el papel.
Hazlo y disfruta del resultado.
¿Cómo te sientes ahora?

Nada ni nadie puede frenar a aquél que está determinado a lograr algo.

Aprendamos de un puentecito. Había tres ranas en una ramita de un arbusto, junto a un estanque. Una de ellas decidió saltar. ¿Cuántas quedan en la rama?

La respuesta es que siguen quedando tres ranitas. ¡Ella se decidió, pero aún no ha saltado! Es hora pues de saltar.

CAMBIO DE ACTITUD:
APROVECHANDO EL ESTRÉS PARA TRIUNFAR:

Una lata grande de combustible en tu casa, puede servir muchos propósitos. Mal utilizada puede convertir tu hogar en cenizas. Por otra parte, además de darte calor en el invierno, si la usas para alimentar el motor de una moto, un carro o un avión, puede llevarte muy lejos.

Todos tenemos dentro la capacidad de crecernos ante los desafíos. De reaccionar aún mejor de lo que pensábamos. A veces podemos también paralizarnos, pero todo es parte de las posibilidades. Es importante mirar las cosas desde diferentes perspectivas.

El estrés es una invitación que la vida te hace para prepararte mejor, para entrenarte y fortalecerte. Los años que pasaron muchas personas en los campos de concentración nazis, demostraron que el Ser Humano es capaz de sobrellevar torturas increíbles, sobrevivir y lo que es más, reconstruir su vida.

Al terminar la segunda guerra, muchas personas regresaron a sus casas y tuvieron que iniciar desde cero. Y la gran mayoría lo logró. Sólo quienes adoptaron actitudes de "esto si pudo conmigo", murieron después de liberados, en medio de profundas depresiones.

La única diferencia fue su actitud. Nelson Mandela estuvo en prisión durante más de veinte años por oponerse al gobierno, en asuntos de discriminación racial. El decidió salir adelante. Finalmente el régimen de su país lo liberó y llegó a ser primer ministro y gobernó con sabiduría. Nunca permitió que el rencor y el miedo lo doblegaran. En una entrevista dijo que el secreto está en tomar la decisión de no darse por vencido, no importa qué pase.

Aprovechar el estrés para triunfar es posible únicamente si estás dispuesto a revisar y modificar la manera como ahora ves la vida. En Neurolingüística se habla de aprender a re-enmarcar algunas experiencias de la vida. Como cuando tienes un cuadro con un marco feo, conservando el lienzo puedes ponerle un marco nuevo, más bonito y adecuado. La escena gana en belleza y en valor. De la misma manera necesitamos tu y yo aprender a poner marcos nuevos a situaciones viejas que se ven feas o dolorosas.

Algunas personas dicen que es pintar dorado algo que es feo. Si pintamos de oro algo feo y pierde la capacidad de afear nuestra vida, entonces manos a la obra.

Haz de cuenta que abres tu closet, donde has estado guardando ropa y cosas de manera desordenada. Ya casi ni cabe algo nuevo. Te pones en la labor de sacar cada cosa, asignarle un lugar adecuado, doblar esta camisa, colgar en su gancho este pantalón, en fin, en un par de horas tu closet se ve como nuevo y te da gusto abrirlo.

Veamos como opera el re-enmarcar. Mis hijos tuvieron por un terrible accidente en el cual se quemaron severamente. No voy a entrar en detalles. Baste con decir que es una de las experiencias mas duras que he pasado en mi vida. No poder ayudarles, ni abrazarlos y escuchar sus gemidos en el salón de emergencias de ese hospital, es algo que nunca podré olvidar. Acompañarles a lo largo del tiempo y ver como han crecido y superado obstáculos es una verdadera bendición. Es obvio que no serían los mismos de no haber pasado por aquello. Basta verlos actuar para darse cuenta que tienen una gran tenacidad, una altísima tolerancia al dolor físico y emocional y una gran consideración para mirar a quien sufre.

Podría decir que mis hijos son mejores seres humanos en parte gracias a su accidente. Durante su recuperación solo me permitían a mí ayudarles con sus curaciones diarias. Era extremadamente doloroso para ellos, pero nuestra confianza y nuestras relaciones se estrecharon mucho.

Desde este punto de vista es claro que nunca quisiera que ni a ellos ni a nadie les sucediera algo como lo que ellos vivieron. Solo que al mirar lo positivo que se desprendió de todo aquello, puedo mirar los hechos con menos dolor. Hasta es más fácil para mí pensar en la persona que encendió el cigarrillo que inició el incendio. Podrás imaginar que si antes de todo lo vivido me molestaba el humo del cigarrillo, ahora tengo razones para detestar ese desagradable hábito. Esto además me invita a no fumar.

Aprovechando el estrés para triunfar

Te hago una propuesta, que puedes rehusar. Sígueme la corriente en una serie de procesos de pensamiento. No es fácil, pero como ejercicio mental y afectivo da excelentes resultados. También puedes tan sólo leer y pasar por encima de esto y regresar más adelante para intentarlo.

1. Te invito a que ahora mismo tú y yo, tomemos la decisión de no darnos por vencidos, no importa qué pueda pasar en nuestras vidas. Me refiero a situaciones en las cuales la verdad, el amor y el bienestar de las personas están en juego. No se trata de volverse obstinado en asuntos triviales como tener la razón en caprichos personales u opiniones. Es mejor ser felices que tener siempre la razón.

2. ¿Qué pasaría si decidiéramos ver todo y a todos con amor? Mi hermana Leticia siempre tiene una respuesta amable al hablar de otras personas. Ella elige ver lo bueno y desechar lo malo y mantiene su corazón en paz. Propongámonos tú y yo a mirar el lado bueno de la gente. Pensemos ahora mismo en alguien que no nos gusta o nos ha causado daño. ¿Horrible, verdad? Ahora intentemos pensar en qué aspectos esa persona puede ser buena o que posibles cualidades puede tener. No

todo es negro o blanco completamente. Hasta en la noche más negra puede verse una luciérnaga o alguna estrella.

3. Ante situaciones difíciles, Leticia tiene la actitud de "todo se resuelve tarde o temprano". ¿Cual situación que ahora te está incomodando quisieras revisar? Yo tengo un par de ellas. Dale, junto conmigo piensa: "Esto se va a resolver tarde o temprano". ¿Notas aunque sea un poquito de alivio?

4. Hagamos una lista de los problemas o dificultades que ahora nos aquejan. Puedes incluir aquellos que sin ser directamente tuyos, te afectan. Ver como sufre alguien quien tú amas, es algo que te invita a hacer tuyo el problema. Pensemos juntos: Voy a resolver todo esto gradualmente, uno a uno. Algunas de las cosas que ahora me molestan, van a ser simples recuerds con el pasar de los años. Las dificultades que vaya solucionando se convertirán en verdaderos trofeos que testifiquen de mi capacidad de salir adelante y de triunfar.

Cuando nuestra mente está ocupada con problemas y no alcanzamos a ver lo que hay detrás de ellos, podemos tener la tendencia a sentirnos un poco víctimas de las circunstancias y obviamente podremos experimentar melancolía y hasta llegar a una depresión.

Decimos que alguien tiene experiencia y miramos al experto con respeto, gracias a que ha vivido situaciones y las ha aprendido a resolver. Por ejemplo, alguien está estrenando un automóvil. Nunca ha tenido que cambiar un neumático pinchado. Si llega a tener esta clase de situación, en una carretera solitaria, sin un teléfono para pedir ayuda, nuestro personaje, hombre o mujer, está en problemas. Se pone a la tarea y finalmente logra cambiar la rueda y sigue su camino. Tiempo después le sucede lo mismo. Ya sabe como utilizar las herramientas (que antes ni conocía, ni sabía donde estaban siquiera), se aplica a la tarea y minutos después resuelve la situación. Puede que esté molesto por la demora, pero ya no está tan encartado como estuvo la primera vez. La diferencia es que ya tiene experiencia. Desde el primer evento, la vida le estaba poniendo en frente un desafío. A medida que resuelve ese tipo de situaciones, ellas van dejando de tener la connotación de problemas y llegan a formar parte de los conocimientos y entrenamiento de la persona.

Al regresar de su viaje, luego de cambiar la rueda, esta vez el protagonista no relata el suceso de manera dramática. Ya es parte de una rutina posible. Es algo más que puede aparecer y que hay necesidad de resolver.

Alguna vez tuve el privilegio de conocer a Facundo Cabral el cantante argentino. Yo estaba en un salón de un hotel, presentando un seminario de calidad de vida a unos ejecutivos de una organización muy grande. Cuando toqué el tema de los problemas en la vida, cité a Facundo, quien en una de sus primeras canciones decía: "Al hierro para templarlo, lo bañan en agua helada. El hierro gime y se queja y parece que llorara. Pero después se convierte en martillo y en espada".

Terminé muy emocionado diciendo que "si ahora somos martillos y espadas, es gracias en parte a los golpes que recibimos en la fragua de la vida". Continué narrando cómo sería la vida de un niño cuyas necesidades básicas y todos sus problemas a lo largo de la vida le fueran solucionados, sin permitirle ensayar sus propias fuerzas y recursos. ¿Que clase de persona sería al crecer? Luego invité a los participantes a cerrar los ojos y agradecer los momentos más difíciles de sus vidas, pues gracias a ellos sus caracteres y su capacidad de supervivencia habían sido fortalecidos. Al fin y al cabo la vida nos va puliendo como el agua del río lo hace con las piedras en su lecho.

Al salir de la reunión, uno de los camareros, quien había estado escuchando mi conferencia, me dijo que coincidencialmente Facundo Cabral estaba en el hotel y que esa noche iba a presentar un concierto. Al salir al jardín junto a la piscina lo vi. Me acerqué para pedirle un autógrafo. Muy amablemente me invitó a sentarme a su lado. Entablamos conversación y le conté de la coincidencia al haberlo encontrado luego de citarlo. —¿Sabes algo Luis?— me dijo— Un día le pregunte a mi madre, quién había sido mi padre. Ella me respondió muy seria, "Había tantos señores esa noche que realmente no recuerdo"— Luego riéndose me dijo "Bromeaba hijo. Lo que pasa es que eras muy pequeño cuando tu padre nos hizo el mejor regalo que jamás nos dio. Irse de la casa". Luis, al hierro para templarlo lo bañan en agua helada. Crecí solo, sin saber leer ni escribir.

Alguna vez estuve en la cárcel por ladrón, pues había que conseguir algo de comer. Cuando ya era adolescente unos hermanos cristianos me tomaron cariño y me enseñaron a escribir, arte que amo. Cuando un día ya cantaba y fui famoso (si es que la fama sirve de algo), al final de una presentación se me acerco un señor entre el publico y me dijo, Facundo, yo soy tu padre. Y se confundió de nuevo en la multitud.

Mas adelante encontré a una mujer hermosa, de esas que si yo vendiera globos de colores en el parque, al verla se me hubieran escapado de las manos, haciendo un jardín en el cielo. Hice un hogar con ella y quedó embarazada. Recuerdas esa canción que escribí hace tiempo "Ella no dice nada, solo sonríe… Ella no dice nada, solo sonríe… Cuando en lugar de sopa, cuando en lugar de sopa, cuando en lugar de sopa, sirve jazmines…" Nació una niña. Ellas llenaban mis noches y mis días. En una ocasión las estaba esperando que vinieran a reunirse conmigo en alguna ciudad durante una gira. El avión se accidentó y ambas regresaron al Señor y me quede sólo con sus recuerdos que atesoro. Luis, al hierro para templarlo lo bañan en agua helada.   Hace unos años me empezó un cáncer que hizo metástasis a mi cerebro. He estado ciego varias veces pero me he prometido no darme por vencido y cantar la gloria de Dios donde tenga la oportunidad, así haya necesidad de arrastrar mis pies por el escenario. Luis, al hierro para templarlo lo bañan en agua helada. Recuerda también que la nostalgia es una hembra bastante inútil. Sigue enseñando acerca del amor y la esperanza, que el tiempo es muy corto. —

Me abrazó y nos despedimos. En otra ocasión nos vimos de nuevo y no recordaba haberme hablado jamás.

Recientemente fui a verlo en uno de sus conciertos y a la salida me le acerqué. Esta vez si me reconoció, me dio un abrazo, una amplia y cálida sonrisa y me animó a que siguiera con mi trabajo.

Manejando el enojo acumulado

Hace tiempo vino a mi consulta un joven, cuya novia se enamoró del mejor amigo del muchacho. La rabia y el enojo solo daban lugar a la venganza, a las críticas venenosas. Me dijo que las mujeres eran como los chimpancés. Nunca sueltan una rama hasta cuando no se aseguran otra. Se refirió a ella como "la perra esa". — ¿Tu la amas?— le pregunté. — Mucho— me dijo. Ella es la única mujer que quiero tener a mi lado y he soñado envejecer con ella. Y este imbécil se la está robando. Le recordé un dicho que dice que "si tienes que amarrar tu caballo para que no se te vaya, no es realmente tu caballo".—

Luego de una larga conversación logró aclarar que su comportamiento no era de amor, sino de odio y de temor. Que si la amaba de verdad, querría que ella fuese feliz. Y ella se veía bastante feliz con el otro chico. Que no era su corazón el que estaba herido, sino su ego, ese gran impostor que nos hace creer tantas falsedades. Le recordé que se iba a amargar muchísimo si continuaba mirando la situación desde la óptica de haber perdido su amor. — El amor está en todos lados y se puede recibir de manera abundante. Lo único que cambia es de quién y cómo lo recibimos. El amor lo seguimos recibiendo de nuestros padres, amigas, amigos. Nunca pierdes nada ni a nadie, —le dije— Hay suficientes mujeres hermosas, talentosas y amorosas en el mundo. Ella no es la única. — ¿Si, pero donde están? — Me pregunto con desesperación — No la vas a ver pasar mientras tu mente esta obsesionada con ésta— le dije.

Aprovechando el estrés para triunfar

Le invité a hacer en su casa algunos ejercicios de liberación de su enojo y a iniciar algunos cambios en su vida.

A la siguiente cita me contó que había metido la pata, muy feo. Estuvo en casa de su ex novia, intentando persuadirla que volvieran a ser novios. El novio actual había llegado y alcanzó a escuchar los ruegos. Lo confrontó y le pidió que se fuera. El dolido ex novio se le abalanzó, lo golpeó en la nariz y lo dejó sangrando. La chica agarró al atacante por los cabellos y le gritó a la cara "¡Me acabas de confirmar que tomé la mejor decisión al dejarte! ¡Vete y nunca vuelvas a acercarte a mí!" Y se dedicó a consentir al muchacho golpeado.

Cuando le pregunté por los ejercicios de liberación de su enojo, me dijo que no había tenido tiempo. Esa tarde lo invité a que nos pusiéramos una cita en un lugar abierto y tranquilo. Le pedí que llevara tres almohadas o cojines.

Así lo hicimos. En un sitio adecuado le invité a que se sentara en el suelo. Puse los cojines, uno sobre otro, en frente suyo. Le dije que por ningún motivo cerrara la boca (para no romperse algún diente) y que empuñase muy bien las manos. Le dije que golpeara los cojines. Lo hizo unos segundos con desgano. — El propósito de esto es que saques la rabia que tienes guardada — le dije.

— Ya no tengo rabia, me dijo. Estoy es deprimido — Obviamente no le hice caso. Le pregunté cómo estaba vestido el novio de su ex novia la noche del problema. No recordaba bien. Le pedí que recordara lo que le había dicho al llegar esa noche del golpe y que por favor recordara la sensación de saber que ella estaba con el otro.

Sus ojos brillaron con fiereza. — Bien — le dije. — Quiero que empieces a golpear estos cojines, boca abierta, manos bien empuñadas — Así lo hizo. Golpeó, gritó (con uno de los cojines contra su boca) y estalló en llanto y actitud de impotencia. — No te abandones — le grité — Tú eres tu mejor amigo. ¡Saca el guerrero que hay en ti! —

Volvió a golpear con verdadero enojo. Hubo un momento en que destrozó uno de los cojines. Siguió golpeando por unos minutos, hasta cuando le dije que era suficiente. —No quiero que te gastes todo tu enojo. Lo vas a necesitar de vez en cuando. — ¿Para qué?— me dijo. —Para luchar contra verdaderas injusticias amigo mío — le respondí.

Sus instrucciones fueron hacer este mismo ejercicio en casa, cada dos días, por unos diez días, aunque no estuviese enojado en el momento. Debería darse un duchazo frío al terminar e irse a caminar hasta serenarse. Luego iba a hacerlo una vez por semana.

Más adelante, una de las tareas fue escribir las cosas buenas aprendidas junto a su ex novia. Incluyendo el hecho de haberlo botado. ¡Ella había sido franca y había dicho siempre la verdad!

Parte de su quehacer fue estudiar una de mis publicaciones "La fuerza del perdón". A propósito, ese CD de audio lo produje un año después de haberme divorciado en circunstancias muy dolorosas. Debo decir que hoy mi ex y yo somos buenos amigos y podemos conversar de cualquier tema sin asomo de dolor o resentimiento. El perdón es el camino más corto para regresar al amor, al menos a la amistad sincera.

Poco tiempo después, el muchacho me contó que había ido en persona donde la chica y su novio, a ofrecer disculpas por el mal comportamiento. En una pequeña carta le escribió a ella los motivos de gratitud que aún atesoraba en su corazón. Les deseó lo mejor y se fue.

Le recordé que debía protegerse. Cada vez que intentara llamarla podía correr el riesgo de sufrir. Si ella en un momento dado no estuviese muy segura de su decisión, podría causarle mucho dolor desde su confusión.

Con gran esfuerzo evitó estar apareciendo o llamándola y paso a paso se fue serenando.

Más adelante me contó que su madre le había dicho que lo veía más tranquilo y menos irritable.

Con seguridad que no fue fácil. El tiempo tiene que hacer lo suyo.

Ha pasado casi un año. Empezó a salir con una jovencita muy hermosa, con quien se ve muy feliz. Poco se acuerda de aquella con quien aspiraba a envejecer.
¿Que podrá suceder antes que termine el día, que no se convierta en un simple recuerdo con el pasar del tiempo?
Bueno, al igual que el héroe de esta historia, tú y yo tenemos enojos guardados desde muchos años atrás. El enojo reprimido es una de las posibles causas de la depresión. Existe un principio: "Nunca estás enojado o

triste por la razón que estás pensando". Esto significa que nuestras explosiones son generalmente el fruto de acumulaciones. Una frustración de un centímetro de longitud, debería generar una reacción de un centímetro. Cuando nuestras reacciones son mayores que los estímulos que las provocaron, marca mis palabras. Estamos explotando por cosas viejas, generadas en otros momentos, en otros escenarios y, lo peor, con otros actores. No es justo reaccionar excesivamente con nadie.

ALGUNAS HISTORIAS DE TRIUNFO

Conozco a una mujer muy hermosa de unos treinta años. Es profesional y es representante de una multinacional. Beatriz es el tipo de persona con quien da gusto conversar. Tiene una actitud positiva y de esperanza ante la vida. Quién creería que fue una niña de la calle, una indigente. Cuando pequeña dormía en las alcantarillas de Bogotá. A veces miraba como otras niñas de su edad iban de la mano de sus padres o sus madres, llevando vestidos hermosos y hasta alguna muñeca en sus manos. Ella pensaba para sí, "Algún día yo voy a vivir así. Voy a estar limpia, bonita y bien vestida." Y luego de miles de peripecias lo logró. Como ves, esto nos muestra que ni la cuna, ni la pobreza, ni el abandono tienen porqué determinar la vida de un ser humano. Ella es un caso claro de quien aprovecha el estrés del hambre, del frío, de la soledad, para soñar, luchar y construir una vida digna.

Imagina tu o yo estar preparándonos para un feliz matrimonio con la persona que amamos, contando con juventud, esperanza. Imagina ahora que en medio de terribles circunstancias recibimos un balazo en la columna vertebral, en el área lumbar. Imagina que los médicos nos digan que no vamos a poder caminar jamás, ni controlar los esfínteres nunca, ni tener sexo normalmente. Imagina soñar la vida en una silla de ruedas o en una cama. Esto le sucedió a Jorge, uno de mis pacientes. El sintió que su vida se desmoronaba como un castillo de naipes. Pero unas semanas después de la última operación, le dijo a su novia que el no iba a vivir así. Que el confiaba en el Señor y que algún día volvería a caminar. Se dedicó a visualizar, a imaginarse a sí mismo completamente sanado. Oraba constantemente. Pidió ayuda a una fisioterapeuta quien le enseñó los ejercicios. Nada pasó. Seguía en su silla de ruedas y con pañales.

Aprovechando el estrés para triunfar

Un par de meses después su novia le recordó que tenían una fecha de matrimonio. El le dijo que no la iba a someter a vivir con un tullido. Ella se enojó y *le recordó que la lástima de sí mismo es una terrible forma de traicionarse y sabotearse.* El reflexionó y días después anunciaron la boda.

Se casaron. El primer año y medio fue muy duro. Una madrugada Jorge despertó a su esposa y le pidió que le consiguiera un recipiente para orinar. Ella le recordó que podía orinar en su pañal. El le dijo exaltadísimo que por favor le ayudara, que por fin había logrado retener un poco la orina. Ella le ayudó y efectivamente, casi dos años después del accidente, pudo controlar parcialmente su esfínter. Meses después pudo controlar su defecación. Durante este proceso, el me decía que poder hacer sus necesidades cuando quería, había sido como recuperar en gran parte su dignidad.

Un año más tarde empezó a dar pasos en las barras paralelas de la unidad de fisiatría de nuestro hospital. Hoy día Jorge camina con dificultad, pero no usa bastón siquiera. Llegué a las lágrimas cuando por primera vez lo vi caminar hacia mí, sin ayuda, con una enorme sonrisa de triunfo.

Dios nos ha hecho a imagen y semejanza suya. ¡Esto es un llamado a la grandeza! A veces alguna persona me dice que "si Dios quisiera" él o ella saldrían adelante en la vida. Mientras tú y yo no nos movamos y demostremos con nuestros intentos diarios, qué es lo que aspiramos a lograr, Dios no va a hacer nada. La verdad es que un papá hábil no empuja a su hijo pequeño a caminar cuando todavía no ha hecho intentos de pararse siquiera. Una vez el niño intenta pararse, el papá le ayuda y le anima una y otra vez, hasta que por sus propios medios, el chico aprende a caminar.

¿Quien te dijo que si tus motivos son buenos, basados en el amor y en el beneficio de los involucrados, la voluntad de Dios no es la tuya?

Hay que ponerse a andar, ahora mismo.

Veamos un ejemplo acerca de cómo las personas podemos elegir el amor como camino y no el odio o la venganza.

Aprovechando el estrés para triunfar

Un amigo de mi niñez, hijo único, terminó convirtiéndose en un prestigioso abogado. Un día, su padre fue apuñalado por un muchacho adicto, a quien el se acababa de negar a darle dinero para el vicio.

Cualquiera hubiera entendido una reacción de odio y violencia. Nuestro protagonista terminó siendo el gestor principal de un proyecto de Paz y Convivencia en su ciudad, para ayudar a muchachos que, como el asesino de su padre, habían perdido el camino.

Hay un principio fundamental para aprovechar el estrés para triunfar: No logramos nada, únicamente por nuestros propios medios. Necesitamos a los demás. Miremos dos aspectos de esta realidad. **Hay que trabajar la gratitud y el servicio.**

Todos los días hay que dar gracias a Dios (si crees en El), o a la vida (si lo ves mejor a si), por todo lo que tenemos a nuestro favor. No hay que estar perfectos de salud, ni con el bolsillo lleno para mirar la vida con gratitud. Un inventario de lo que tenemos o de lo que disponemos, nos permite darnos cuenta de lo mucho que recibimos. Tengo una paciente que ha sido hospitalizada varias veces, debido a un linfoma que crece en la parte posterior de su abdomen. Ha recibido toda clase de tratamientos. Cuando yo llego a su habitación, sé que ella me va a iluminar el día. Me recibe con una hermosa sonrisa y me recuerda que Dios le ha regalado otra oportunidad para ver a su hija de doce años, que es el amor de su vida. Una vez le pregunté por su esposo y me dijo que el pobre no había aguantado verla sufrir tanto y había decidido marcharse. — El es tan frágil... Creo que ya se consiguió una muchacha para poderse consolar — Me dijo con un guiño. Habla sin rencor, celebrando cada momento que tiene de vida. Unas horas sin dolor son motivo de fiesta.

Una tarde fui llamado de urgencia a su habitación. Se hallaba muy desesperada por el dolor. Mientras le administrábamos el medicamento me miró y me dijo — No hay mal que dure cien años. No hay mal que por bien no venga. Algún día me voy a curar del todo doctor. — Con su mano delgada me hizo un gesto de volar. Y sonrió.

Aprovechando el estrés para triunfar

Esto me lleva a pensar que la comodidad es a veces nuestra peor enemiga. Cuando todo está bien, tenemos la tendencia a dar todo por sentado. Como si todo lo mereciéramos y nada fuera a cambiar. En épocas así miramos con lástima a quienes sufren, convencidos que el dolor es ajeno a nuestras vidas. Vale la pena aclarar que la lástima no sirve sino un propósito: Sentirse culpable por estar bien. En otro sentido, la lástima es pasiva. Cambias de tema y olvidas lo que la causaba, hasta que algo te lo recuerde.

Es mejor sentir compasión, es decir, compartir el dolor del otro con actitud activa, de ayuda. Compasión es consideración responsable. Es caridad o amor llevado a la acción, para ayudar a quien lo necesita. Cuando sentimos compasión, estamos motivados a romper la quietud o la pereza y nos movilizamos a hacer algo por el otro.

Lo más usual es limitarnos a "tocar madera" diciendo que Dios nos libre de algo así. Y no hacemos nada por cuidar verdaderamente de quienes nos rodean, de amarlos, de recordarles lo importantes que son para nosotros.

De vez en cuando vienen eventos despertadores, campanazos que la vida nos da. Talvez quien amas te recibe con mirada perdida y te dice que necesita darse un tiempo lejos de ti. Ojala que no nos suceda que algún día leamos en los diarios que la financiera que administraba nuestro capital se fue a la bancarrota. O que en tu empresa ya no te necesitan. Quizá recibas una llamada telefónica anunciándote que tu madre, o tu hermano o tu hijo están en el cuarto de emergencias de un hospital, por que tuvieron un accidente o enfermaron de repente.

Déjame decirte algo: No importa si tan solo tienes 20 años, o si eres sobrino de la reina de Inglaterra, si tu padre es un médico excelente, o si conduces un BMW o un Rolls Royce, todos, absolutamente todos, estamos en la misma posibilidad de enfermar, sufrir emocionalmente, tener eventualmente dificultades económicas.

No conozco sitio más equilibrado socialmente que una unidad de cuidados intensivos. Allí todos los pacientes son iguales, sin distinción de color, edad, religión, filiación política o abolengo. Una peritonitis nunca pregunta a quién va a afectar. Muchos sobreviven. Otros no lo logran, sin importar con qué padrinos o capital cuentan.

Durante toda mi vida profesional he tenido el privilegio de acompañar algunos pacientes terminales. En éstos pacientes, por alguna razón, la medicina ya agotó todos sus recursos y solo queda ayudarles de la mejor manera mientras la naturaleza sigue su camino. El tratamiento podrá ser paliativo, es decir, disminuir el dolor y las incomodidades al máximo, pero no se hace nada con la expectativa de curar.

Hay quienes creen que los pacientes terminales son ancianitos en su mayoría. Mis pacientes de este grupo incluyen niños con horas de nacidos, niñas y niños de dos y tres años de edad, algunos adolescentes, otros en sus veinte años, otros están en sus treinta, cuarenta y cincuenta años de edad. Solo unos cuantos son ancianos.

MILAGROS

Debo aclarar que he visto suceder milagros. Se de pacientes que en buena fe han sido diagnosticados de terminales, y sin embargo han experimentado cambios rotundos en su salud y viven de maravilla, desafiando todo pronóstico.

Hay otro tipo de milagros que veo más a menudo. Se trata del milagro del perdón y el milagro de vidas que cambian positivamente, gracias a lo aprendido en una enfermedad grave. He visto personas arrogantes y súper controladoras, convertirse en seres humildes y pacientes en el curso de una enfermedad sufrida durante meses. Cambios que se mantienen en la mayoría de ellos. Esta es otra forma de aprovechar el estrés para triunfar. Me convenzo cada día que necesitamos dar gracias por todo, muy especialmente por los momentos difíciles.

La idea es poder triunfar en medio del caos, del desorden y la desesperación. Los grandes marinos no se forman navegando mares tranquilos. Para convertirse en un verdadero lobo de mar hay que haber vivido y sobrevivido fuertes tormentas.

Aprovechando el estrés para triunfar

Si tú y yo aspiramos a triunfar, necesitamos movilizar todos los elementos de éxito que podamos alcanzar. El primer paso es servir. Ayudar a los demás a que triunfen es el elemento fundamental para que tú y yo lo logremos. El egoísmo, el egocentrismo no caben aquí. La envidia, ese temor que otro reciba mejores beneficios que yo, hay que erradicarlo. La envidia se puede empezar a cambiar en admiración, cuando decidimos reconocer en otros, y aceptar que alcanzaron algo especial. *¡Si alguien más puede salir adelante, entonces tú y yo también podemos hacerlo!* Permitir que la mente nos invite a la envidia es dejar que la conciencia de escasez y el miedo sean los que gobiernen nuestras vidas.

Hace tiempo se observó algo muy especial. Cuando una persona se siente muy bien, su organismo está produciendo endorfinas. A estas sustancias se les llama también hormonas de placer. Pues bien, cuando alguien está prestando un servicio a alguien, sin recibir nada a cambio (como acompañar a un invidente a cruzar la calle, ayudar a alguien que está perdido a encontrar su camino, a ofrecer algo de comer a un indigente), se aumenta la producción de endorfinas en su organismo. Algo más, el nivel de endorfinas en el cuerpo de quien recibe el servicio también se incrementa. ¡Lo mejor de todo es que, quienes observan desde afuera los hechos, también tienen un incremento en la producción de endorfinas!

¿Qué estamos tú y yo esperando para prestar un servicio a los demás?

En casi todas partes existen organizaciones públicas, privadas, algunas de tipo religioso, que apoyan y entrenan a voluntarios para prestar servicios de ayuda.

Desde los ministerios que coordinan algunas iglesias, para visitar y acompañar pacientes que están viviendo enfermedades catastróficas, hasta brigadas de salud en lugares apartados, hay docenas de oportunidades para involucrarse en estas actividades. No basta la buena voluntad y la motivación. Se requiere entrenamiento y generalmente es ofrecido por las mismas organizaciones.

Una cosa que hay que hacer es aprender a manejar la energía desbordada de la furia y el enojo, para que no nos enfermen y podamos salir adelante.

VISUALIZAR

Vas a comenzar a visualizar lo que deseas conseguir en la vida. En el teatro imaginario de la mente vas a proyectar películas positivas y de triunfo. En ellas tú eres el protagonista y ganador. Imagínate a ti mismo un año más adelante. Intenta verte feliz, con mucha prosperidad, excelente salud y rodeado de la gente que amas. Dale, cierra por un momento tus ojos e inténtalo. Eso es.

Todos los seres humanos tenemos los ojos físicos y un par de ojos extra. Son los ojos del alma. Los ojos que hay en tu rostro nos sirven para mirar la realidad tal como es. Si en frente tuyo hay un lote desocupado y lleno de malezas, eso vas a ver. Pero si miras ese mismo lote con los ojos del alma, vas a ver la casa que podrías construir en él.

Necesitamos volvernos visionarios y ver hacia el futuro con los ojos del alma, con optimismo y esperanza.

¿Recuerdas el impostor? El va a intentar tapar tus ojos del alma. O como mínimo intentará mostrarte un futuro lúgubre y lleno de expectativas de fracaso. No le hagas caso. Tan sólo di en voz alta o piensa, "Ese pensamiento queda cancelado. Yo soy una persona triunfadora. Merezco mucho de la vida y lo voy a conseguir". Repite esto varias veces al día, no importa lo que pase.

Bueno, hemos revisado ejemplos de vida, hemos revisado juntos alguna información acerca del estrés y cómo nos afecta. Hemos visto estrategias para reducirlo. También miramos formas de aprovecharlo.

Mantén cerca de ti una lista de tus metas básicas. Léela frecuentemente, mínimo una vez al día. Mira hacia el futuro con los ojos de tu alma. Si eres una persona serena, maravilloso. Si eres pasivo acaso, proponte a romper la inercia. Si eres muy sensible, o acelerado o estresado, ya sabes que hacer.

Ve y aprovecha tu estrés para triunfar.

LA ORACIÓN

Hemos llegado al que considero el capítulo más importante de este libro.

Las personas que creen firmemente en Dios y tienen una práctica religiosa, cuentan con mejores desenlaces en casos de enfermedades graves. La simple observación de nuestros pacientes nos muestra que los creyentes se aferran a la vida con una actitud más serena y llena de optimismo.

Además de la fuerza de la fe, la cual tiene efectos curativos, aquellos que se apoyan en Dios tienen una actitud diferente y positiva ante la enfermedad. Esto les permite afrontar los malos momentos con gran fortaleza y con esperanza. Y cuando el resultado es la muerte, quien va morir afronta la situación de una manera positiva. Los familiares cuando son creyentes, participan de forma amable y tranquila con una aceptación serena.

En mi experiencia personal, no sólo me ha sucedido a mí, sino que lo he visto en muchas personas. Cuando incluyes a Dios en tu vida, no como una agarradera de la cual te aferras en momentos de desesperación, sino como eje central de tu vida, se da una transformación muy poderosa.

No se trata de tener una religión. Se trata de tener una relación personal con Dios.

Después de leer todas las páginas anteriores podrías tener varias sensaciones. Tal vez te hayas sorprendido de lo maravilloso que es el cuerpo humano. Bueno, es una creación de Dios y todo lo que hace Dios es bueno.

Quizá hayas pensado que las cosas son realmente muy complicadas. La verdad, cuando cuentas con Dios en la ecuación de tu vida, todo se simplifica de manera increíble. También es posible que hayas llegado hasta aquí con una sensación de esperanza. Si es así, logré mi objetivo al escribir este libro. Pero no paran aquí las cosas.

Existen varios esfuerzos en el mundo, en busca de medir el valor científico de la oración. La oración es considerada un método noético. Noético significa ir más allá de la plataforma del conocimiento racional. Wikipedia define el término como "conocimiento intuitivo". No se refiere al Noé bíblico ni a ese período. También se define noético como algo que es relacionado o basado en el intelecto. Se consideran terapias noéticas a aquellas formas de intervención que van más allá del conocimiento racional.

Ayudar a un enfermo con terapia aplicada por alguien al lado de su cama, basada en imaginación guiada, en procesos de ayudar al paciente a relajarse o a orar, son procedimientos que la investigación científica ha denominado como métodos noéticos.

Una forma clara de expresarlo es definiendo noético como intangible. Una madre que impone sus manos a su bebé enfermo, está aplicando una forma de terapia noética.

Personalmente he visto el efecto que tiene en las personas la oración y el hecho de vivir con una actitud de fe. No es lo mismo acercarse a momentos de tragedia sin nada a que aferrarse, en completa soledad y sensación de abandono.

Bromeo frecuentemente diciendo que si Dios no existiera, yo me lo habría inventado. Durante los años que dediqué a mi práctica clínica, observé que había una gran diferencia en la forma como las personas afrontaban los momentos de gran dolor e incertidumbre. Los no creyentes parecían tener más inclinación a la desesperanza y aún a la agresividad en el trato con otros parientes y con el personal de la salud.

Los creyentes por su parte, eran más abiertos, más dispuestos a cooperar y mantenían viva la esperanza, a través de su fe en Dios. Cuando el desenlace era la muerte, pude observar mucha más aceptación y menos reacciones de entrega al dolor, la desesperación y a la depresión.

Algunos estudios hablan que tener una práctica religiosa predispone a mejores desenlaces en los tratamientos y aún, índices menores de mortalidad.

Creo firmemente que ser creyente ayuda de manera muy especial a los seres humanos. Debo compartir contigo que la imagen que tengo de Dios, es la de un Ser sumamente amoroso y cálido, que desea el bien para cada uno de nosotros. Pienso que es posible establecer una relación personal con El y además experimentar su presencia de diversas formas. Ensaya varios días, ojala semanas, a pedirle a Dios esas dos cosas: Tener una relación personal con El y tener una experiencia personal de El. No tienes nada que perder y sí mucho que ganar. Si estos temas te agradan y te aportan, te invito a inscribirte en mi página www.luisgaviria.org, desde donde te voy a enviar materiales de mejoramiento personal.

Si te gusta el tema de la espiritualidad práctica y la oración, inscríbete adicionalmente en www.palabrasdevida.info, para invitarte a actividades de desarrollo personal y enviarte materiales gratis.

Epílogo

Bueno, hasta aquí te acompaño en esta jornada, por medio escrito. Espero que ahora sepas más acerca del estrés, que antes de leer este libro. Ojala haya despertado en ti la curiosidad de buscar una relación personal con ese ser tan intangible que puede ser Dios, a través de la oración. Te aseguro que tu vida no va a ser la misma.

Puedes encontrar CDs de audio y otras publicaciones con temas muy especiales en:
www.luisgaviria.org/publicat.htm.

Recibe un enorme abrazo con mis mejores deseos para que tu vida sea cada vez mejor. Que el Gran Médico te proteja y te sane siempre!

Afectuosamente,

Luís Gaviria Vélez

Temas de gerencia y crecimiento personal:

www.luisgaviria.org

www.desarrollohumano.com

www.gaventerprise.com

Temas de salud y bienestar:

www.publimedic.com

www.raphahealthnet.com

Espiritualidad práctica y oración:

www.palabrasdevida.info

Visítanos e inscríbete para recibir materiales de desarrollo personal, gratis.

www.ingramcontent.com/pod-product-compliance
Lightning Source LLC
Chambersburg PA
CBHW061248280526
45784CB00002B/684